GENERACIÓN
WUNDERTEAM

ASCENSO Y CAÍDA DEL EQUIPO DE LAS MARAVILLAS

Jo Araf

Generación Wunderteam / Jo Araf–1a edición
LIBROFUTBOL.com, 2022.

200 páginas; 15,2 x 22,9 cm.

ISBN 978-987-8943-16-9

1. Fútbol.
CDD 796.334

GENERACIÓN WUNDERTEAM
de Jo Araf

Cubierta: Luciano Medvetkin	Foto del autor: © Jo Araf
© 2022 – Jo Araf © 2022 – LIBROFUTBOL.com	Todos los derechos reservados

No se permite la reproducción parcial o total, el almacenamiento, el alquiler, la transmisión o la transformación de este libro, en cualquier forma o por cualquier medio, sea electrónico o mecánico, mediante fotocopias, digitalización u otros métodos, sin el permiso previo y escrito por el editor. Su infracción está penada por la ley.

ISBN 978-987-8943-16-9	1ª edición: septiembre 2022

ediciones@librofutbol.com

+54 9 11 2215 1982

librofutbol

Av. del Libertador 6898 - Núñez - Ciudad de Buenos Aires–Argentina

A mis padres

ÍNDICE

INTRODUCCIÓN

Cuando Alemania y Austria se enfrentaron en la Copa del Mundo de 1978, los hinchas austriacos estallaron de alegría al oír el pitido final del árbitro israelí Abraham Klein. Sus compatriotas habían ganado el que se había convertido en el derbi internacional más popular de Austria desde el final de la Segunda Guerra Mundial. Austria, además, llegaba al partido sin ninguna ambición deportiva: ya estaba eliminada en virtud de sus partidos anteriores, pero la victoria contra su histórico rival había eclipsado la prematura eliminación. Además Austria no era un mal equipo: Herbert Prohaska, Hans Krankl y Walter Schachner, entre otros, jugaban allí. En definitiva, un equipo respetable.

Sin embargo, aquella victoria, aunque inútil, sería aclamada por todos y recordada como "el Milagro de Córdoba". Hablar de "milagro" en relación con una derrota puede parecer paradójico, sobre todo si se tiene en cuenta que la propia Alemania, tras ganar la Copa del Mundo en 1954, frente a la muy favorita Hungría, había rebautizado aquella gesta deportiva como "el Milagro de Berna". Además, aunque la selección austriaca era una cenicienta del fútbol en 1978, tenía una tradición ante la cual la mayoría de las selecciones nacionales se quitaban el sombrero. En 1954 había quedado tercera en la Copa del Mundo, y varios años antes del estallido de la Segunda Guerra Mundial, había ganado la Copa Internacional, precursora de los modernos campeonatos europeos, y era la favorita para la Copa del Mundo de 1934, la segunda edición de la historia, pero la primera en la que Austria pudo participar. Lo que hizo tan popular a la selección austriaca fue el *Scheiberlspiel,* un estilo

de juego basado en los pases cortos y la posesión del balón que el entrenador, Hugo Meisl, desarrolló y perfeccionó durante 20 años.

A partir de 1931 la selección austriaca se convertiría para todos en el *Wunderteam*. Cuando no ganaban eran abucheados, cuando ganaban sin convencer, sucedía lo mismo. En una ocasión –una victoria poco inspirada sobre Suiza–, la prensa mostró su insatisfacción con un triunfo que calificó como "espectáculo insuficiente para 55 000 personas". Sus aficionados tenían un gusto por el fútbol a la altura de las artes y la literatura en Viena. Los jugadores austriacos debían actuar en un espectáculo deportivo en el que el resultado estaría subordinado a la actuación y al entretenimiento que se produjera. Como cuando los vieneses iban al cine a ver una película dirigida por Fritz Lang o una exposición de Oskar Kokoschka.

Pero, ¿cómo fue posible que una selección nacional como la austriaca, con más de 50 años sin figurar entre los protagonistas del fútbol europeo y mundial, se haya hecho de un espacio en los escenarios más importantes de la época y ganado el nombre de mejor equipo del mundo, al punto de ser rebautizado como el *Wunderteam*?

Para entenderlo, tenemos que dar unos pasos atrás. La historia hace referencia a los padres fundadores, los ingleses, y a la filosofía futbolística de sus competidores, los escoceses. Dentro del entonces Imperio austrohúngaro sería la escuela escocesa la que se impondría gracias a la llegada a Austria, Hungría y Checoslovaquia de jugadores y entrenadores escoceses o ingleses que habían renunciado a su propia escuela en favor de la de sus vecinos. Lo que surgió fue un estilo de juego que pasaría a la historia como la *escuela centroeuropea*, aunque los primeros en quedar fascinados por ella fueron los italianos, que rebautizaron el incipiente movimiento como *calcio danubiano*.

El *calcio danubiano* se basaba en una premisa clave: el balón debía correr y no los jugadores. En Inglaterra, este sistema solo había arraigado en algunos casos, y existía la sensación de que Austria, que iba a alcanzar su apogeo futbolístico a principios de los años 30, sería capaz de poner en crisis a Inglaterra con las armas que los propios británicos habían proporcionado. Cuenta la historia que en 1932 –unos meses después de que el *Wunderteam* ganara la Copa Internacional–, la selección austriaca fue invitada a Inglaterra como equipo más fuerte del continente para jugar un amistoso contra la selección de aquel país. Siguiendo la tradición, los ingleses habían programado el amistoso en invierno para que el terreno de juego fuera más adecuado a sus características. Austria perdió, pero tanto los periódicos ingleses como los austriacos no escatimaron elogios para el equipo dirigido por Hugo Meisl.

Pero no fue solo la técnica de sus jugadores y un estilo de juego refinado lo que distinguió al equipo pionero: en los años de entreguerras el hambre hacía estragos en Austria, un hambre que se sentía en todas partes, a nivel social con un elevado desempleo y constantes despidos y a nivel político con un escenario de perpetua inestabilidad. El fútbol se había convertido en una distracción de la rutina diaria y, a partir de 1924, se convirtió en una fuente de ingresos para los futbolistas gracias a los esfuerzos de Hugo Meisl por profesionalizar la liga austriaca. En dos años se observó la misma evolución en Checoslovaquia y Hungría, países que también habían salido de la Primera Guerra Mundial con los huesos rotos y que habían sufrido la crisis de posguerra tanto como Austria.

CAPÍTULO 1

LAS RAÍCES DEL WUNDERTEAM: EL NACIMIENTO DEL FÚTBOL DANUBIANO

En el contexto del Imperio austrohúngaro —que se extendía por un área de 70 000 km2 e incluía, entre otros, a los actuales Austria, Hungría y la República Checa—, desde Viena se dirigían frecuentes invectivas a sus vecinos húngaros. La opinión predominante entre las clases altas vienesas y no vienesas era que Budapest era una especie de hermana menor de Viena, más pobre y atrasada. Esta visión estereotipada se compartía a menudo incluso fuera de las fronteras imperiales: en 1874, en su obra Die Magyaren und Andere Ungarn *(Los magiares y los otros húngaros), el profesor universitario alemán Franz Von Löher escribió: "No existe ninguna idea cultural, ni de carácter jurídico, militar, estatal, religioso, social, artístico o científico o relativa a cualquier otro ámbito procedente de Hungría que se haya extendido al mundo civilizado. La verdad es que los húngaros han seguido siendo comercialmente los mismos que hace mil años, cuando sus campamentos destacaban en las estepas asiáticas". Además, los antisemitas austriacos solían referirse a Budapest como "Judapest", afirmando que era "una ciudad de gitanos y judíos". Los entonces checoslovacos y los emigrantes económicos bohemios y moravos que se habían instalado en los suburbios de Viena también fueron objeto de ataques. Karl Lueger, alcalde de Viena, inspirador de Hitler y creador del Partido Social Cristiano, dijo en referencia a los flujos migratorios procedentes de Bohemia y Moravia: "Viena debe seguir siendo germánica y el carácter germánico de la ciudad no debe ser cuestionado". En 1897, la fundación de la Challenge Cup reavivaría estas enconadas rivalidades por primera vez en el fútbol.*

I

El fútbol en Austria nació en los últimos años del siglo XIX, siguiendo el modelo inglés, y se extendió desde unos pocos círculos de élite en Viena. La difusión fue progresiva y abarcó los suburbios, las ciudades más pequeñas y las zonas rurales. La entorno deportiva en la que se integró el fútbol incluía otras disciplinas como la equitación —el galope había aparecido en 1839 y el trote en 1878—, la gimnasia, el atletismo y la prestigiosa escuela vienesa de patinaje sobre hielo. Más tarde, los deportes alpinos, la escalada, el ciclismo, el atletismo y el tenis sobre hierba también tomarían el relevo.

Sin embargo, en pocos años el fútbol alcanzó cotas de popularidad sin precedentes, gracias a su capacidad para extenderse de forma heterogénea por toda Viena y, posteriormente, por todo el país. Antes de la Gran Guerra, el deporte había sido casi exclusivamente para uso de la aristocracia y la burguesía, pero con la llegada de la guerra empezó a arraigar en el frente y en los campos de prisioneros como pasatiempo para los soldados. Con el fin de las hostilidades y el nacimiento de la Primera República Austriaca, se convirtió en una de las actividades con las que la mano de obra masculina solía pasar su tiempo de ocio.

Gracias a las nuevas leyes que concedían a los trabajadores un horario más flexible y menos horas al día, surgieron cada vez más clubes deportivos tanto en las ciudades como en los suburbios. La experiencia bélica había reforzado el interés de la población por el deporte: el deseo y la posibilidad de participar en actividades deportivas recreativas y de grupo nunca habían sido tan populares como en los años posteriores a la Gran Guerra. Y fue gracias al deporte que se generó un clima de solidaridad y un sentimiento de comunidad, tanto en los círculos de la clase media como en los de las fábricas, acompañado de la práctica activa y masiva de diversas disciplinas. En este contexto, Viena organizó la segunda Olimpiada Obrera en 1931.

El nacimiento del fútbol vienés fue obra de los padres fundadores ingleses. Los empleados de las empresas británicas con sede en Viena fueron los primeros en jugar al fútbol en la capital austriaca. El año clave fue 1894, cuando nacieron casi simultáneamente el First Vienna y el Vienna Football and Cricket Club, que en realidad había sido fundado dos años antes como el Vienna Cricket Club por un sacerdote de la Iglesia anglicana. Una de las principales diferencias entre los dos clubes era que, mientras el Vienna Cricket and Football Club solo contaba con jugadores ingleses, el First Vienna también estaba abierto a jugadores no británicos: en 1897, había cinco jugadores austriacos en el equipo del First Vienna, aunque uno de ellos había cambiado su nombre por el de John Mac y otro se había incorporado al equipo tras una estancia en Inglaterra.

Entre 1897 y 1900 había 45 clubes en la capital, 17 de los cuales se unieron a la Unión de Fútbol de Austria (ÖFU) en 1900, siendo esta la primera federación de fútbol que se fundó en el país. Sin embargo, la ÖFU se disolvió cuatro años después, cuando el First Vienna y el Vienna Cricket and Football Club, a raíz de sus diferencias, fundaron la Federación Austriaca de Fútbol (ÖFV), que solo un año después se uniría a la FIFA. A partir de 1926, dos años después del paso al fútbol profesional, la ÖFV fue sustituida por la Asociación de Fútbol de Austria (ÖFB). Sin embargo, las diferencias entre las dos serían mínimas y de carácter puramente organizativo.

La función inicial del fútbol era principalmente la de involucrar a los inmigrantes ingleses en una actividad extralaboral para ocupar su tiempo libre. Sin embargo, al cabo de unos años, el creciente interés por el mundo del fútbol empezó a notarse también en los periódicos, que dedicaron cada vez más tinta a los acontecimientos que rodeaban los partidos de fútbol. En 1897, John Gramlick, miembro destacado del Cricket and Football Club de Viena (Club de Críquet y Fútbol de Viena), fundó la primera competición internacional de clubes en la que podían participar todos los equipos del Imperio austrohúngaro, la Challenge Cup (o Challenge Kupa, como se llamaba en Budapest). Entre 1899 y 1910 nacieron otros clubes importantes como el Rapid de Viena, el Admira y el Wacker.

La impronta inglesa también se hizo patente desde el principio en la terminología adoptada respecto a los roles, como *goalkeeper*, *centre-back*, *half-back*, *forward* y otros términos relacionados con el fútbol como *cup*, *penalty* o *derby*.

En los años siguientes, el vínculo entre el fútbol e Inglaterra en la capital austriaca se vio reforzado por varios jugadores ingleses que emigraron a Viena a lo largo de los años para trabajar en clubes británicos. Un ejemplo de ello fue Magnus Douglas Nicholson, un jugador del West Bromwich Albion que se trasladó a Viena por motivos laborales —trabajaba para la agencia de viajes Thomas Cook—, se convirtió en jugador del First Vienna y empezó a promocionar el fútbol organizando giras de equipos ingleses en la capital austriaca.

Se creó un pequeño público de aficionados en torno a la burguesía vienesa, y los precios de las entradas se mantuvieron deliberadamente altos para mantener alejadas a las clases trabajadoras y garantizar que el fútbol conservara una matriz elitista. Al igual que en otros países, el fútbol austriaco debía mucho a los padres fundadores ingleses en cuanto a una serie de características fundamentales, como los nombres de los clubes, el énfasis en el *fair play*, en algunos casos los estilos de juego y una jerga tomada del inglés, todo lo cual caracterizó los inicios del fútbol vienés y, en algunos casos, sobrevive hasta nuestros días.

Sin embargo, con el paso de los años, la práctica del fútbol comenzó a extenderse a otros segmentos de la población: se puso de moda jugar al fútbol en las calles, parques y plazas de Viena. Cualquier objeto redondo puede servir como pelota, de ser necesario. Los jugadores y espectadores de los suburbios y las clases trabajadoras fueron en aumento, y el estilo de juego que se había desarrollado en esos años se transformó. Ganar se convirtió en algo más importante que el *fair play* y la mera participación y, al final de la Primera Guerra Mundial, el fútbol vienés se había convertido definitivamente en el pasatiempo y el deporte del proletariado. Los espectadores habían aumentado considerablemente y habían empezado a florecer múltiples clubes, especialmente en la capital. Una de las principales diferencias en el disfrute del deporte entre los obreros y las clases burguesas era el fin último por el que lo practicaban: entre los obreros, el objetivo principal era el ocio y la distracción de las rutinas laborales, mientras que, en los círculos burgueses, se ponía el acento en los resultados y el consiguiente beneficio económico.

Incluso las instalaciones deportivas se habían rediseñado en comparación con los primeros años: ahora, varios estadios podían albergar 40 000 o 50 000 espectadores, señal de que el fútbol se había convertido en un fenómeno de masas a todos los efectos. En pocos años, el impacto social del fútbol alcanzaría al del cine y superaría al del arte, la música y la literatura que, en comparación con el fútbol, no atraían a un público tan amplio y heterogéneo. En Viena solían decir: "Papá tiene su cerveza, mamá su cine y el hermano su fútbol".

Así, a principios de los años 20 nació en torno a la capital austriaca una arraigada cultura futbolística, caracterizada por su capacidad de movilización de las masas y por representar un fenómeno casi exclusivamente masculino, aunque desde 1918 aparecieron algunos clubes femeninos. Era una cultura en gran medida confinada a la capital, y al más alto nivel, las cosas permanecerían sin cambios hasta el final de la Segunda Guerra Mundial. El mismo fenómeno se había manifestado en Praga y Budapest que, al igual que Viena, monopolizaban la escena futbolística nacional. Esto dio lugar a lo que más tarde se conocería como la escuela centroeuropea, que en las décadas de 1920, 1930 y 1940 produciría a varias de las mayores estrellas de la época.

Poco después del final de la Gran Guerra, el fútbol en Viena se convirtió en un fenómeno de masas. En años anteriores, la asistencia a los estadios rara vez superaba los 10 000 espectadores, incluso cuando Austria se enfrentaba a su rival futbolístico, Hungría. Al final del conflicto apareció un nuevo tipo de aficionado: el suburbano, generalmente perteneciente a la clase proletaria.

El comportamiento agresivo de estos hinchas estaba motivado —según las crónicas de la época— por el rencor ante la derrota en la Gran Guerra y las repercusiones que había tenido principalmente en los suburbios. En 1922, el *Neues Wiener Journal* escribió:

> "Desde entonces —desde el final de la Gran Guerra— las refriegas provocadas por las multitudes no solo han aumentado, sino que han crecido en violencia. Hoy en día, los hinchas utilizan palos de madera y piedras, y cuando las hordas de Fuchsen o Drachenfeld —en aquella época los peores barrios de la periferia de Viena— acuden a los partidos, no es raro ver apuñalamientos".

Pero fue precisamente en los suburbios hambrientos donde empezó a florecer el fútbol. Fuchsen, Drachenfeld, Ottakring, Favoriten y otros suburbios de la capital albergaban a la mayoría de los aficionados y jugadores, y las principales instalaciones deportivas estaban casi todas situadas fuera del centro de la ciudad.

Casi todos los clubes se caracterizaban por una identidad social y deportiva: estaba el club de la élite y la burguesía, el Austria de Viena —nombre que asumió el Club de Críquet y Fútbol de Viena a partir de 1926— y los clubes de origen proletario, como el Rapid, así como, por supuesto, los equipos apolíticos y los clubes que rechazaban cualquier tipo de etiqueta. El Austria de Viena y el Rapid serían los equipos más populares en los primeros años, como demuestra el número de aficionados en sus partidos en casa.

En 1924 nació la liga profesional austriaca, que se inauguró oficialmente el 21 de septiembre de ese año. Y, a partir de principios de los años 30, el fútbol austriaco —o más bien vienés— entró en su

mejor momento gracias a los éxitos del *Wunderteam* y a las victorias de los clubes austriacos en la recién fundada Copa Mitropa, la máxima competición europea de clubes fundada en 1927.

Sin embargo, el hecho de que la liga austriaca se convirtiera en profesional trajo consigo tanto cargas como honores: los que no podían mantenerse a flote económicamente tenían que aceptar a regañadientes la participación en las ligas menores.

Una media de 40 000 personas asistía a los partidos del *Wunderteam*, el Austria de Viena o el Rapid. El fútbol se había convertido en un negocio y muchas empresas empezaron a asociar sus productos con las caras más famosas del fútbol.

Después de la Gran Guerra, el fútbol había sido también el principal escaparate internacional de una ciudad cuyo encanto como metrópoli europea se había desvanecido considerablemente. La escuela de Viena siguió siendo mundialmente famosa, y este halo de popularidad también benefició a los equipos menores, que a menudo fueron invitados a jugar partidos amistosos en otros países europeos. También era habitual que jugadores y entrenadores austriacos fueran fichados por clubes extranjeros. Un artículo de 1924 titulaba: "La capital futbolística de Europa, Viena, sigue en cabeza". Continúa:

> "Viena es la capital del continente europeo. ¿En qué otro lugar se pueden ver al menos 40 000/50 000 espectadores reunidos domingo tras domingo en cualquier estadio, incluso cuando llueve? ¿En qué otro lugar la mayoría de la población está tan interesada en los resultados de los partidos que por la noche casi todo el mundo está discutiendo el campeonato, las perspectivas de su club y los próximos partidos".

Como el fútbol austriaco era un fenómeno casi exclusivamente vienés, los clubes de Viena no veían a sus rivales más acérrimos como los clubes nacionales de las ciudades vecinas, sino como los grandes equipos de su propia ciudad o los mejores equipos europeos a los que se enfrentaban en la Copa Mitropa: Bologna, Ambrosiana, Juventus y los equipos de Budapest, Berlín y Praga. En la cosmopolita Viena de la época, una de las principales instituciones de la ciudad, los cafés, se habían convertido en los lugares donde tenían lugar las principales discusiones futbolísticas entre los aficionados.

Y al igual que los cafés habían contribuido a la popularidad de artistas y escritores, lo mismo ocurrió con las estrellas del fútbol. Más adelante, como admitieron varios exponentes del entonces modernismo austriaco, las hazañas del *Wunderteam* durante los años 30 se convertirían en uno de los temas más comentados. Arraigados en cada barrio, los cafés solían reflejar la identidad cultural y lingüística de cada zona. Habían proliferado por todo el país hacia el final del imperio de los Habsburgo y eran lugares en los que se reunían hombres y mujeres de toda condición, aunque lo que hizo famosos a los cafés fue la presencia de bohemios y gente de los círculos literarios más famosos. No eran simplemente lugares para sentarse y charlar con una taza de café. Ahí, por ejemplo, era posible encontrar la prensa diaria, lo que no era fácil de otro modo, ya que no había muchos quioscos en la ciudad que la vendieran. Y los clientes habituales —llamados *Stammgäste*— también podían recoger su correo o lavar su ropa. Las partidas de cartas y los desafíos de ajedrez estaban a la orden del día, así como las reuniones preelectorales.

A partir de los años 20, cuando el fútbol empezó a arraigar y la primera liga profesional vio la luz, apareció algo nuevo en la escena vienesa: los cafés de los equipos de fútbol.

Los hinchas del Austria de Viena solían reunirse en el café Parsifal, en el centro de la ciudad, mientras que los del Rapid se reunían en el café Holub, propiedad de Johann Holub, presidente del club durante 11 años, en la Hütteldorferstrasse, donde también se encontraba su estadio. El café Resch, en el barrio de Meidling, era el principal punto de encuentro de los seguidores del Wacker, mientras que los del Simmering se reunían en un café propiedad de su jugador estrella, Johann Horvath. También había cafés más inclusivos, en los que aficionados de diferentes equipos discutían sobre fútbol. Uno de los más famosos fue, sin duda, el café Ring, que comenzó siendo un punto de encuentro para la comunidad de críquet de habla inglesa, pero que pronto se convirtió en el punto de reunión favorito de los aficionados al fútbol. Era un lugar donde todo el mundo opinaba sobre las victorias, las derrotas, los fichajes, los partidos de la selección o las *giras* al extranjero de su equipo. El café Ring fue descrito como "una especie de parlamento revolucionario de amigos y aficionados al fútbol". Uno de los visitantes más frecuentes del café Ring era, sin duda, el entrenador del *Wunderteam*, Hugo Meisl.

Bajo la égida del austrofascismo primero y del nacionalsocialismo alemán después, el fútbol seguiría siendo un medio de ex-

presión de la conciencia nacional. Fue a partir de 1942 cuando la emoción en torno al fútbol se detuvo, ya que la mayoría de los jugadores que participaban en los campeonatos fueron llamados al frente.

Fue el nacimiento del *Scheiberlspiel*, un estilo de juego que reflejaba una mentalidad centrada en la técnica, la astucia y el desarrollo de un juego en el que lo colectivo primaba sobre lo individual. Además, en el periodo de entreguerras, el desempleo estaba muy extendido en Austria, y convertirse en futbolista era, sin duda, una forma de escapar de la pobreza y proporcionar un medio de supervivencia para uno mismo y su familia.

El inicio de la temporada de fútbol de 1938 coincidió con la entrada de las tropas alemanas en Viena, y el *Scheiberlspiel* austriaco comenzó a enfrentarse a un estilo de juego que en muchos aspectos era antitético al alemán, basado en el ejercicio físico y moral y fuertemente impregnado de aspectos militares. Según la escuela alemana, un equipo de fútbol debía estar, ante todo, "dispuesto a luchar".

II

Existen varias interpretaciones históricas sobre la aparición del fútbol en Hungría, aunque todas parecen situarla a finales del siglo XIX, durante los mismos años en los que el fútbol apareció en la escena deportiva de Viena y Praga.

Una primera hipótesis afirma que la paternidad del fútbol húngaro corresponde a Károly Löwenrosen, un ciudadano que, tras una experiencia en Inglaterra, regresó a su país con un balón que presentó en una gran exposición: la Millennial Exhibition. Otra teoría atribuye el mérito a László Kosztovics. Según esta versión, fue Kosztovics, un estudiante, quien popularizó el fútbol en Hungría en 1879, tras un intento fallido de promover el deporte en la ciudad de Szentendre. Una tercera hipótesis considera que Miksa Eszterházy –un importante diplomático y terrateniente del Imperio austrohúngaro– fue el importador del fútbol a la capital húngara hacia 1875.

Lo que sí sabemos con certeza es el año en que se fundó el primer club, el BTC (Budapest Torna Club): 1885. En pocos meses, el fútbol se extendería de las ciudades a las provincias y se incluiría como deporte en los clubes existentes.

A partir de la década de 1880, varias asociaciones florecieron en forma de club polideportivo de carácter local, social o étnico-religioso. Por ejemplo, se fundó el UTE (Újpesti Torna Egylet), el Club de Gimnasia de Újpest.

El MTK (Magyar Testgyakorlók Köre), el Círculo Húngaro de Educación Física nació en 1888 de la rama de otro club deportivo, el NTE, compuesto por miembros de la burguesía judía que consideraban la gimnasia demasiado conservadora. Por primera vez, aparece el término *círculo* y no *club* o *asociación*, considerados demasiado elitistas o conservadores, respectivamente.

A pesar del origen judío del club, los fundadores del MTK estaban motivados más por principios prácticos que ideológicos, y desde el principio su misión fue crear "un lugar donde cualquiera, sin discriminación, pudiera participar en los deportes más 'nuevos' al más alto nivel". Ese *nuevos* se refería a las disciplinas cubiertas por el recién creado club polideportivo, que incluía el fútbol y excluía las clásicamente practicadas por la aristocracia, que no permitía a los judíos participar en actividades como la esgrima o la equitación.

Pero más allá de la imagen que los fundadores del club habían intentado transmitir al exterior, a partir de ese momento el público local identificaría al MTK como el club judío por excelencia, mientras que su principal rival, el Ferencváros (fundado como el Ferencvárosi Torna Club en 1899 dentro del noveno distrito de la capital) como el club de origen germánico. Varios clubes comenzaron a florecer alrededor de las ciudades, distritos y barrios del país, lo que dio lugar a una primera distinción de carácter geográfico. En 1901 se fundó la Magyar Labdarúgó Szövetség (MLSZ), la federación húngara de fútbol.

En comparación con los deportes tradicionalmente practicados por la aristocracia, el fútbol se caracterizaba por algunos elementos nuevos, como el contacto y la confrontación física. En 1900, un partido "amistoso" entre los berlineses y el Atheltics Club húngaro causó preocupación, ya que varios jugadores de ambos equipos sufrieron lesiones. Esto llevó a Ágoston Del Medico, miembro del consejo de la ciudad, a proponer la abolición del fútbol en todas las escuelas del país. Muchas escuelas apoyaron esta moción, aunque una asamblea de 1900 se pronunció a favor de la supervivencia del fútbol.

A partir de 1901, el fútbol sería aceptado universalmente o, en todo caso, ya no tendría que batallar por su derecho a existir. Solo dos meses antes se había creado una liga que reunía a los equipos húngaros –o más bien a los de la capital– en torno a las reglas tradicionales del fútbol inglés. El fútbol húngaro, al igual que ocurrió en Viena, también tomó prestados algunos términos de los padres fundadores ingleses, como *football*, sustituido a lo largo de los años por su traducción húngara *labdarúgás*.

A partir de la temporada 1906-1907, se creó una liga de otoño-invierno más adaptada al clima centroeuropeo. Si bien los dos primeros campeonatos fueron ganados por el BTC, a partir de 1903 se inició un dualismo que se mantendría durante los siguientes 26 años: durante este periodo, intercalado con los acontecimientos de la guerra, ningún otro club, aparte del MTK y el *Fradi* –nombre con el que todavía se conoce a Ferencváros–, ganaría un título. Además, el *Fradi* fue el único equipo húngaro que triunfó en la corta historia de la Challenge Cup. El duopolio fue roto por el Újpest, pero solo en la temporada 1929-1930.

Al principio, la diferenciación entre los clubes se refería también a los distintos estilos de juego: el BTC practicaba el llamado *kick and rush,* tomado de los maestros ingleses, en virtud del físico de sus atletas, que procedían del mundo de la gimnasia, y el FTC un estilo no muy distinto aderezado, sin embargo, con jugadas esporádicas y valiosas como el regate y el cabezazo, mientras que el MTK había adoptado desde el principio la filosofía escocesa del *passing game*. Para preservar esta aptitud técnica a pesar del físico y la rudeza de sus adversarios, el entonces presidente Alfréd Brüll contrató entre 1911 y 1914 a un jugador escocés, Edward Shires, y a dos de sus compatriotas como entrenadores: John Tait Robertson y James "Jimmy" Hogan, que contribuiría más que nadie a imprimir la marca escocesa en la historia del club. Gusztáv Sebes, el futuro entrenador del *Aranycsapat* –la gran selección húngara en la que jugó Puskás y que llegó a la final de la Copa del Mundo en 1954– diría de él: "Jugamos al fútbol como nos enseñó Hogan. Su nombre debería escribirse con letras de oro cada vez que se escriba la historia de nuestro fútbol".

El final de la guerra coincidió con la quiebra de varios clubes debido a los desastres económicos y políticos que se produjeron. Una de las formas en que los clubes trataban de reponer sus finanzas era a través de la *ball-attrition fee,* un impuesto que el equipo anfitrión pagaba al equipo local por el uso del balón. También fue una etapa en la que, de nuevo, debido a la grave situación económica, muchos jugadores abandonaron Hungría para irse a otros países como Alemania, donde (aunque solo durante unos años) surgiría un equipo formado exclusivamente por jugadores húngaros.

La primera gran diáspora de jugadores húngaros a otras orillas –la segunda llegaría en torno a 1956 con el estallido de la Revolución húngara– se detuvo ligeramente por la creación de una liga profesional que se hizo realidad en la temporada 1926-1927, siguiendo los pasos de lo ocurrido en Austria y Checoslovaquia en los dos años anteriores. Esto trajo consigo algunas ventajas evidentes, como una mayor atención a los sectores juveniles, una mejora en la preparación de entrenadores y árbitros y un fortalecimiento de las relaciones internacionales entre las selecciones nacionales y los equipos de clubes de diferentes países. Además, las giras *de* los equipos húngaros en el extranjero se hicieron frecuentes: el FTC, por ejemplo, derrotó a Uruguay fuera de casa en 1929; el Újpest ganó en Ginebra un año después, y el MTK, entonces Hungária, disputó partidos en Egipto, México y Estados Unidos en 1934.

Las giras se convirtieron en una práctica tan consolidada que llegaron a influir negativamente en el rendimiento de los jugadores, tanto a nivel nacional como internacional. A menudo, durante los partidos, los jugadores parecían visiblemente agotados por sus compromisos en el extranjero y, por esta razón, en 1935 se decidió fusionar las ligas profesional y *amateur*. Este movimiento fue la base para la creación de una generación competitiva de campeones que llegaría a la final de la Copa del Mundo en 1938.

Durante sus primeros 24 años de historia, la liga húngara siguió siendo un asunto reservado a los equipos de la capital, y no fue hasta la temporada 1925-1926 cuando apareció por primera vez un equipo de provincias: el Erzsébetfalvi TC. A partir de entonces, la presencia de clubes de provincias no sería tan extraña y, unos años más tarde, algunos de estos equipos llegarían a disputar las primeras posiciones a los equipos de Budapest, aunque ninguno de ellos levantaría título alguno.

Se había creado una dualidad histórica entre el MTK y el Ferencváros, que pasó a la historia como el derbi de *Örönkrangadó*, la eterna rivalidad. Este enfrentamiento tenía, por supuesto, varios aspectos, siendo el deportivo el principal. Los estadios del FTC y del MTK se fundaron con un año de diferencia, entre 1911 y 1912, y a menos de 20 minutos a pie uno del otro. El MTK diseñó una versión mejorada del estadio del FTC con un aforo de unos 20 000 espectadores. Para reforzar su identidad húngara, el MTK construyó

su estadio en una calle llamada Hungária. Los aficionados también afirmaban que, mientras el MTK jugaba con el cerebro, el *Fradi* lo hacía con el corazón, probablemente un reflejo de dos estilos de juego diferentes o los orígenes sociales de los clubes.

Otra diferencia obvia era la selección de los jugadores; en el caso del FTC, los jugadores se buscaban principalmente en el noveno distrito, mientras que los del MTK procedían de otras partes de la ciudad. Lo que tenían en común era su origen: la mayoría procedían de las clases baja y media y muchos —más de la mitad de los jugadores del MTK y una cuarta parte de los del FTC— eran judíos.

Sin embargo, hay que subrayar una cosa: la distinción entre los clubes judíos y germano-cristianos con respecto al MTK y al FTC era genérica e incuestionable solo en la mente de los aficionados. Como se ha señalado, el MTK adoptó desde el principio una visión laica y liberal y estaba abierto a atletas de cualquier origen o religión, y el FTC admitía en sus filas a jugadores judíos sin restricciones, a diferencia de los clubes germánicos y polideportivos del pasado dedicados a otras disciplinas.

A lo largo de los años, en Hungría se desarrolló una tendencia similar a la de Austria: Imre Schlosser, que a inicio del siglo XX y en 1928 vistió tanto la camiseta del FTC como la del MTK se convirtió en el máximo goleador de la liga en siete ocasiones; Alfréd Schaffer, histórico delantero del MTK que al final de su carrera se cruzaría en el camino de un joven Matthias Sindelar en el Austria, Viena; y en los años siguientes Gyula Zsengeller y Gyorgy Sarosi serían finalistas del Mundial de 1938.

La sana rivalidad deportiva entre el MTK y el FTC se vio primero minada por las vicisitudes políticas que asolaron Hungría. Al final de la Gran Guerra, tras el interregno entre 1918 y 1919 que había visto a la República Socialista de Bela Kun —nacido Abel Kohn— en el poder, Hungría experimentó lo que los historiadores estadounidenses llamaron el *White Hungarian Terror* —Terror Húngaro Blanco—, un sangriento y violento periodo de dos años en el que los comunistas y los judíos volvieron a ser los objetivos de la política y la propaganda apoyadas por el exalmirante Miklos Horthy, que llegó al poder en 1919.

Durante estos años, la rivalidad en los estadios se agudizó y los epítetos antisemitas se hicieron más frecuentes. Durante las décadas de 1920, 1930 y 1940, muchos jugadores judíos abandonaron Hungría para irse a los países vecinos. Este fue el caso de Bela Guttmann, entre otros, que había defendido la camiseta húngara en los Juegos Olímpicos de 1924 y encontró refugio en Austria. Otros abandonaron el continente, como Gyorgy Orth y Ferenc Sas —nacido Ferenc Sohn—, para irse a Sudamérica. El proceso de arianización condujo en 1939 a la puesta en marcha de la MTK —entonces llamada Hungária— y un año después a su disolución.

En esta fase histórica, Ferencváros también adquirió nuevas connotaciones: se convirtió en el equipo del régimen, un régimen que tras cierta resistencia inicial había decidido colaborar con los nazis en la deportación de los judíos. Y en 1944, Andor Jaross, el ministro del Interior que participó activamente en la identificación y envío de judíos a los campos de exterminio, fue nombrado presidente del club. El *Fradi* era para el régimen húngaro lo que el Schalke 04 era para el Tercer Reich a principios de la década de 1940: el equipo del régimen, una asociación que aumentaría la popularidad de ambos bandos. Esta asociación se habría facilitado por el hecho de que, aunque no todos los seguidores del *Fradi* eran votantes del régimen de Horthy, muchos procedían del distrito nueve. La intensificación de las relaciones entre Horthy y Hitler había llevado también a una serie de partidarios del *Fradi*, en su mayoría artesanos, pequeños comerciantes y trabajadores cualificados, a acercarse aún más a las ideas compartidas por los gobiernos alemán y húngaro.

Sin embargo, la fortuna del *Fradi* no ocultaba su pasado; comenzó siendo un club bajo cuya bandera se reunía la gran mayoría de proletarios y habitantes de los suburbios. El único equipo que, hasta la llegada del Ujpest, había conseguido disputarle al MTK el liderato en cuanto a resultados y número de seguidores. En muchos de los suburbios en los que no había ningún equipo de primera categoría que participara en el campeonato de primera división, la elección entre el MTK y el Ferencváros era casi un hecho.

Con el paso de los años, los hinchas de extrema derecha también empezaron a identificarse con otros clubes: Csepel, Gamma y UTE. Se trataba de clubes situados en los centros industriales arios del país que, sobre todo en el caso del Csepel —sin duda el más fuerte de los tres—, obtendrían beneficios exclusivos durante la guerra como mantener a sus atletas fuera del servicio militar o, en otros casos, verlos alejados de la capital solo por cortos periodos. Para muchos, los éxitos de Csepel en 1941 y 1942 fueron facilitados por favores de este tipo.

III

Entre los estados independientes que se formaron tras la disolución del *Vielvölkerreich* —el imperio de muchas naciones y grupos étnicos— de la monarquía de los Habsburgo, también estaba Checoslovaquia que, al igual que las demás naciones del imperio, conservaba una rica y fragmentada identidad multiétnica. Estaba poblada por numerosas comunidades judías, activas tanto en el deporte como en las profesiones liberales y en las actividades comerciales que habían dado lugar a clubes deportivos de matriz laica o sionista. Otro de los grupos étnicos presentes en la recién creada República Checoslovaca era el germánico, asentado principalmente en Bohemia occidental y septentrional y que, en 1930, representaba el 25% de la población. Estos últimos también eran activos en el deporte, principalmente en disciplinas como el fútbol y los deportes de invierno.

Praga fue también la cuna del *Sokol*, un movimiento gimnástico muy importante que luego se exportó a otras regiones del imperio, gracias a la inmigración bohemia de la época.

Después de la Primera Guerra Mundial, la recién formada Checoslovaquia se había establecido como una de las principales naciones deportivas europeas y lo seguiría siendo hasta 1945, cuando el régimen comunista reorganizó el deporte como vehículo de propaganda. Antes del estallido de la Segunda Guerra Mundial, el Holocausto y la consiguiente limpieza étnica, las diferentes nacionalidades y grupos étnicos habían convivido más o menos pacíficamente en la región: el término *Konfliktgemeinschaft*, acuñado por los historiadores y traducible como "comunidad de conflictos", reflejaba la Checoslovaquia de la época. En este contexto, el deporte había asumido el papel de pegamento entre las diferentes culturas que poblaban la región.

La llegada del fútbol tuvo lugar durante esta fase. La primera liga *amateur* se creó en 1896 y continuó hasta 1925, año de la transición al fútbol profesional. Desde el principio, los equipos de la capital impusieron su dominio: entre 1896 y 1902, el título fue ostentado exclusivamente por equipos de Praga. El primero de ellos fue el ČFK Kickers Praha, seguido por el Deutscher FC Prag, uno de los muchos clubes nacidos —como queda claro por su nombre— de la comunidad alemana que poblaba la ciudad. El DFC Prag estaba considerado, en aquella época, como uno de los equipos más fuertes del imperio, hasta el punto que entre 1897 y 1899 se mantuvo invicto durante unos dos años. Sin embargo, la rivalidad entre el Slavia de Praga y el Sparta de Praga caracterizaría más tarde al fútbol checoslovaco y checo, aunque ya se había instalado durante los primeros años.

Durante el periodo de entreguerras, los estadios de Praga acogían a más de 50 000 personas, ya fuera para ver los partidos de la selección nacional o cuando los equipos checoslovacos se enfrentaban a equipos austriacos, húngaros o italianos, como en la Copa Mitropa. También en Checoslovaquia, los mejores jugadores de la época se convirtieron en auténticas celebridades: Karel Pešek-Kád'a, Josef Bican y Raymond Braine alcanzarían una fama y popularidad comparables a las de las estrellas de cine.

La Edad de Oro —como se denominó a la época que comenzó con el fin de la Gran Guerra y el nacimiento de la Primera República— vio cómo el Sparta de Praga y el Slavia de Praga se repartieron prácticamente todos los títulos nacionales hasta 1938. Además, ambos ganarían la Copa Mitropa, el Sparta dos veces y el Slavia una. La grandeza del movimiento futbolístico checoslovaco también quedó atestiguada por las *hazañas* del equipo nacional en la Copa del Mundo de 1934, cuando la selección checoslovaca llegó a la final contra Italia. A lo largo de los años, aunque el régimen comunista disolvería o renombraría varios de los clubes históricos de la capital, la selección nacional seguiría cosechando algunos éxitos, como un segundo puesto en la Copa del Mundo de 1962 y un título de campeón de Europa en 1976.

Sin embargo, como se ha señalado, sería imposible contar la historia del fútbol checoslovaco sin ahondar en la historia de los dos equipos que más lo han caracterizado. En Praga, incluso más que en Viena y Budapest, fue una carrera de dos hombres desde el principio. De 1897 a 1902, el Slavia de Praga ganó el campeonato seis veces consecutivas. Y en los años siguientes, hasta 1918, los títulos locales permanecieron en la capital, repartidos entre el Starometský SK Olympia, el Sparta de Praga —ganador de su primer título de liga en 1912—, el Slavia de Praga y el Deutscher FC Prag.

A partir de 1918 comenzó el duopolio Slavia-Sparta, que ha sobrevivido casi sin cambios hasta hoy, salvo por la intrusión ocasional de otros equipos. El paso al fútbol profesional no cambió la situación: hasta 1939 la disputa seguiría siendo un asunto privado entre los dos principales equipos de la capital, con una excepción, la victoria del Viktoria Zizkov en la temporada 1927-1928, el equipo de un suburbio que llevaba cinco años anexionado a la capital.

El Slavia de Praga se fundó en 1892, un año antes que el Sparta. Los orígenes de los dos clubes fueron similares: ambos fueron fundados por jóvenes empresarios motivados por el deseo de crear un club deportivo. En el caso del Slavia eran estudiantes de medicina que querían difundir la práctica del deporte entre sus compañeros. El club se fundó como un club multideportivo y, tras el ciclismo en 1896, incluyó el fútbol entre sus disciplinas. En ese año se disputó el primer derbi contra el Sparta, que terminó con un empate sin goles. El Slavia de Praga debe probablemente tanto al futbolista y entrenador escocés John Madden como el MTK de Budapest y el fútbol austriaco a Jimmy Hogan: Madden exportó a Praga un fútbol innovador, que coincidió con el inicio de una era que duró unos 25 años. Desde la fundación de la Copa Mitropa, el Slavia había sido un fijo en la competición: llegó a la final en 1929, perdiendo un doble enfrentamiento contra el Újpest de Hungría, pero levantó la copa en 1938, gracias en gran parte a los diez goles de Josef Bican. Durante los años de guerra el campeonato continuó y el Slavia sumó cuatro victorias más y dos segundos puestos en su palmarés, en ambos casos por detrás del Sparta.

Sparta Praga fue fundado a finales de 1893 por un grupo de jóvenes dirigidos por tres hermanos, Václav, Bohumir y Rudolf Rudl. Al principio, el Athletic Club Sparta Praha —el primer nombre del club— llevaba su famoso uniforme tricolor en el que el rojo representaba el símbolo de la ciudad real, el azul el de Europa y el amarillo es todavía un misterio. Sin embargo, unos años más tarde, los jugadores del Sparta empezaron a vestir una camiseta a rayas blancas y negras con una gran *S* estampada en la parte delantera. Pero en 1906, tras un viaje a Londres, el entonces presidente Petřík decidió sustituir la camiseta a rayas por una roja. ¿La razón? Petřík había visto un partido del Arsenal y se enamoró del uniforme de los *Gunners*. A partir de ese momento, el Sparta mantendría el rojo como color corporativo principal junto al blanco de las medias y los pantalones.

Tras el final de la Gran Guerra, antes de la cual el equipo más ganador de la ciudad había sido el Slavia de Praga, comenzaría la época conocida primeramente en Checoslovaquia y después en el resto del mundo como *Železná Sparta*, es decir *Sparta de Acero*, que se prolongaría durante las décadas de 1920 y 1930. De hecho, a excepción de las temporadas 1919-1920 y 1924-1925, la rivalidad entre el Slavia y el Sparta sería constante, ya que ambos equipos se repartieron todos los títulos hasta la temporada 1938-1939, cuando la liga se suspendió debido al estallido de la Segunda Guerra Mundial. Durante estos años, los aficionados pudieron ver a sus primeros ídolos, es decir, a campeones como Peyer, Hojer, Perner, Káďa, Kolenatý, Červený y, unos años más tarde, a Hochman, Burgr, Hajný, Šíma, Silný, Čtyřoký, Košťálek y, sobre todo, a Oldřich Nejedlý, máximo goleador del Mundial de Italia de 1934. Antes del comienzo de esta gloriosa etapa, Vlasta Burian, que unos años más tarde se convertiría en el rey de los comediantes checoslovacos, actuaba en las porterías del Sparta. Los dos ciclos ganadores del club coincidieron también con dos victorias internacionales en la Copa Mitropa, en 1927 y 1935 (se ganaría una tercera final en 1964, pero para entonces la importancia de la competición se había reducido mucho).

Incluso antes de la desintegración del Imperio austrohúngaro, se crearon y publicaron hasta 1945 periódicos y revistas dedicados enteramente al fútbol. El periodista praguense Josef Laufer fue uno de los pioneros de la información deportiva europea y sería uno de los primeros en informar sobre un partido de fútbol por radio en 1926.

Durante la Primera República, el fútbol también se convirtió en un tema literario: dos de los escritores checoslovacos más exitosos de la época, Eduard Bass y Karel Poláček, escribieron exitosos relatos sobre el fútbol, que luego serían llevados al cine. Por ejemplo, *Klapzubova jedenáctka* (*Los once de Klapzuba*) era una fábula escrita por Bass con elementos satíricos y políticos sobre un equipo de fútbol de 11 hermanos entrenado por su padre, un campesino checo. En 1930, Karel Poláček escribió *Muži v offsidu Ze zivota klubových přívrženců* (*Hombres en el fuera de juego: sobre la vida de los hinchas de los equipos*), el primer libro publicado sobre los hinchas del deporte más popular del planeta.

El Sparta y el Slavia también representaron una reserva inestimable para la selección nacional, que en su mejor momento llegó a la final de la Copa del Mundo de 1934 gracias a jugadores como el portero František Plánička, apodado La Golondrina de Bohemia o El Gato de Praga, una leyenda del Slavia, que en aquella época se disputaba el título de mejor portero del mundo con el español Zamora; Antonín Puč, el mayor goleador de la historia de la selección checoslovaca que, al igual que Plánička, ganó la Copa Mitropa en 1938 con el Slavia, y el mencionado Oldřich Nejedlý. Josef Pepi Bican, que se había convertido en una leyenda del fútbol checoslovaco tras una vida anterior en Austria, también se haría un nombre con el Slavia, ganando diez veces el premio de máximo goleador. Hubo quienes llegaron a Checoslovaquia por razones económicas y profesionales: uno de ellos fue Raymond Braine, que se convirtió

en el primer futbolista profesional belga. En 1930 el fútbol belga era todavía un deporte *amateur* y, para convencer a los jugadores de que no huyeran al extranjero, los clubes les daban sueldos no oficiales pagados por debajo de la mesa. Pero en varios casos estos ingresos no fueron suficientes, y algunos jugadores abrieron actividades comerciales. Una de las prácticas más comunes era la apertura de cafeterías. Con el paso de los años, esta tendencia se hizo cada vez más frecuente, hasta el punto de que la federación belga de fútbol publicó un comunicado que decía:

> "Como se considera imprescindible acabar con el fenómeno de los jugadores propietarios de cafeterías, el Comité Ejecutivo resuelve que, salvo para aquellos jugadores cuyos padres sean propietarios de una cafetería desde hace más de cinco años, el permiso para abrir una cafetería solo se concederá con la condición de que el jugador no forme parte del equipo titular".

Braine había sido uno de esos jugadores que había abierto una cafetería y, al verse acorralado, decidió emigrar. Primero a Inglaterra, donde no pudo conseguir un permiso de trabajo, y luego a Sparta, en Praga. En 1935, cuando el Sparta ganó la Copa Mitropa, Braine marcó tres goles entre el partido de ida y el de vuelta, convirtiéndose en una leyenda del club.

CAPÍTULO 2

HUGO MEISL, EL PADRE DEL FÚTBOL MODERNO

"Aquí está el equipo Schmieransky, ¿están contentos?", Hugo Meisl, al llegar en un taxi al café Ring, un café del centro de la ciudad que frecuentaba a menudo, después de haber colocado su sombrero en el perchero, golpeó una hoja de papel sobre una de las mesas del café, despertando la sorpresa de los periodistas presentes. El periódico mostraba el 11 que jugaría contra Escocia unos días después. Schmieranski, un término que solo un vienés podía inventar o entender, era una palabra compuesta por dos partes: Schmieren, que significa "escribir sin saber nada", y -ky, un sufijo típico de los apellidos de los inmigrantes checos y polacos, generalmente vieneses de primera generación que apenas dominaban la lengua alemana. En otras palabras, Hugo Meisl se había autocalificado de ignorante y analfabeto, y había preparado la alineación cediendo por primera vez a la insistencia de los periodistas. La alineación no era la habitual en la que, según muchos, Meisl seguía insistiendo. Había un nombre que se había barajado en los periódicos deportivos vieneses durante los meses anteriores, al que el entrenador siempre había dado poca credibilidad. ¡Sindelar! Meisl había decidido por fin dar a la estrella del Austria Viena la oportunidad de liderar el ataque del Wunderteam, y no en un partido cualquiera. Esta vez Sindelar no iba a ser desplegado en el lado derecho del campo, sino exactamente en la posición que más le convenía, la de delantero centro. La opinión de la prensa sobre Sindelar chocaba con la de Meisl: para la prensa, Sindelar era la estrella indiscutible del fútbol austriaco; para Meisl, sin embargo, era solo uno de los muchos jugadores a su disposición. Tras el partido amistoso contra Escocia del 16 de mayo de 1931, la selección nacional austriaca pasó a llamarse Wunderteam".

I

Tanto en el campo de fútbol como en el de batalla, como entrenador o secretario general de la ÖFB −la Asociación Austriaca de Fútbol−, Hugo Meisl ha sido galardonado en todos los puestos que ha ocupado. Se dice que su hermano, el periodista deportivo y exportero Willy Meisl, lo describió como "el Pitt, Disraeli, Bismarck y Napoleón del fútbol austriaco, todo en uno". Había llegado a ser comandante en el Isonzo en los años de la Gran Guerra y lo sería unos años más tarde al frente de su creación, el *Wunderteam*. Un equipo imbuido del espíritu innovador y revolucionario de su entrenador y conformado según el concepto escocés del *passing game*, desarrollado según las características de sus jugadores. Los de la técnica, el talento y la audacia que los jugadores vieneses habían cultivado desde su infancia en las afueras de la capital.

Entre las dos escuelas de fútbol de la época −la inglesa y la escocesa− Meisl nunca tuvo dudas: se decantó por la escocesa, que favorecía los pases rápidos y la intercambiabilidad entre los jugadores por encima de la dureza y la rigidez expresadas por la inglesa. Su vida, interrumpida en el umbral de la Segunda Guerra Mundial, le había visto luchar en el frente y distinguirse en el mundo del fútbol como jugador, árbitro, entrenador, secretario general de la ÖFB y codirector del periódico *Sport-Tagblatt*, además de desempeñar una serie de trabajos en su juventud que le llevaron a vivir y trabajar en el extranjero, entre Trieste y París. La historia de Hugo Meisl, olvidada en parte, es la de una figura esencial que contribuyó al desarrollo del fútbol tal y como lo conocemos hoy.

Hugo Meisl nació el 16 de noviembre de 1881 en Maleschau −la actual Malešov−, en el entonces Reino de Bohemia, una provincia del Imperio austrohúngaro. Sin embargo, la lengua materna de la familia Meisl era el alemán: la comunidad judía a la que pertenecían los padres de Hugo procedía de la pequeña ciudad minera de Kutna Hora, entonces conocida como Kuttenberg, donde el 40% de la población hablaba alemán. Sin embargo, Hugo Meisl creció siendo bilingüe, ya que en la región se hablaba checo.

La familia se trasladaría a la capital austriaca en la última década del siglo XIX. Ahí, Hugo Meisl decidió dedicarse al fútbol, en parte porque otros deportes, como la gimnasia, estaban prohibidos para los judíos. En 1895, cuando solo tenía 14 años, ingresó al Club de Críquet y Fútbol de Viena. Jugó en el club durante tres años y participó en el partido de clasificación para la primera Challenge Cup contra el Wiener AC con solo otros dos jugadores austriacos, ya que el resto de los miembros del equipo eran ingleses. Sin embargo, su carrera como jugador no dio los resultados deseados y Meisl decidió convertirse en árbitro. Fue durante esta etapa cuando el joven Hugo comenzó a desarrollar las habilidades que lo convertirían en una autoridad absoluta en el fútbol austriaco e internacional. Al mismo tiempo, Meisl se arremangó para costear su pasión: sus ingresos eran escasos —el fútbol era todavía un deporte *amateur*— y un trabajo remunerado que le permitiera mantenerse a sí mismo y a su numerosa familia era una condición necesaria, dado que en el mismo año de su llegada a Viena, 1895, nació Willy, el sexto hijo de la familia.

En 1897 la familia Meisl se trasladó al segundo distrito de la capital, a la Franzenbruckenstrasse. Después de terminar la escuela sin un diploma, Meisl encontró su primer trabajo en una empresa local, Jg. Simon, pero solo dos años después decidió abandonar Viena para irse a Trieste. Fue su padre quien impulsó esta decisión, con la esperanza de que su hijo siguiera una carrera comercial en lugar de una deportiva. Allí Meisl trabajó para dos empresas antes de regresar a la capital austriaca en 1902.

Pero Meisl, tanto en el fútbol como en la vida en general, mostraba una increíble curiosidad y siempre se sentía atraído por la posibilidad de vivir nuevas experiencias. Solo permaneció un año en Viena y volvió a marcharse, esta vez a París, donde fue contratado por la empresa S. Chartet, pero la experiencia francesa también se interrumpió pronto. Gracias a su experiencia laboral, Meisl había adquirido un excelente dominio del francés, el italiano y el inglés, ya que había viajado a Inglaterra durante su estancia en Trieste para perfeccionar sus conocimientos del idioma. Con los años también estudió español, neerlandés y sueco, dominando así siete idiomas, además del alemán.

Esos conocimientos le serían muy útiles al final de la guerra, no solo como técnico, sino también como periodista, ya que escribiría para varios periódicos locales e internacionales. En concreto, se convertiría en columnista del *Neue Wiener Sportblatt*, periódico que cerraría en 1921 debido a los altos costes de producción. Sin embargo, el sueño de abrirse camino en el mundo del fútbol no había decaído, ni mucho menos. Al haber mantenido varios contactos dentro de ese mundo, entre ellos su antiguo compañero de equipo y amigo Max Leuthe, Meisl se mantuvo al tanto de la evolución del fútbol austriaco.

De vuelta a su país, Meisl volvió a jugar brevemente. A pesar de sus modestos resultados individuales, contribuyó a una emocionante victoria a domicilio contra el Sparta de Praga. Le apodaban *Hirnfussballer*, "el jugador con cerebro", por su inteligencia, que era mucho más importante en su juego que su físico. Sin embargo, el interludio como futbolista fue breve, y Meisl volvió al arbitraje con resultados mucho más alentadores: en solo un año fue contratado por la ÖFV como secretario responsable de los asuntos arbitrales, una función complicada en aquella época, ya que el público a menudo ignoraba las reglas del juego. Para educar a la clase arbitral, también escribió un manual dedicado. En 1904, con 23 años, se convirtió en el primer secretario general del ÖFV, fundada el 18 de marzo por los dos clubes más antiguos de la capital, el First Vienna y el Vienna Cricket and Football Club.

Fuera del mundo del fútbol, Meisl fue contratado por el Länderbank, el primer banco del país, mientras que su carrera deportiva como árbitro y directivo del ÖFV se desarrolló sin problemas: en 1907 arbitró su primer partido internacional —un amistoso entre Austria y Hungría— y estuvo entre los que representaron a Austria en el congreso de la FIFA en Ámsterdam. Solo un año después se convirtió en secretario del Club de Críquet y Fútbol de Viena, que en 1910 pasó a llamarse Wiener Cricketer y más tarde, en 1911, Wiener Amateur Sportverein, el actual Austria de Viena. Allí se convirtió en gerente, al tiempo que continuaba su trabajo con el ÖFV y entrenaba a la selección nacional, en parte porque quería crear un equipo nacional competitivo para los Juegos Olímpicos que en aquel momento era la única plataforma internacional que ofrecía el mundo del fútbol.

II

En mayo de 1912, tras un decepcionante empate contra Hungría (1-1) al que seguirían otros resultados insatisfactorios, Meisl preguntó al árbitro de ese partido, James Howcroft, si podía recomendarle un entrenador de confianza para dirigir al equipo nacional en los Juegos Olímpicos de Estocolmo. La recomendación recayó en James "Jimmy" Hogan, un entrenador del país de Howcroft —inglés— quien a los 28 años ya estaba en el banquillo del equipo holandés Dordrecht. Al igual que Meisl, Hogan tampoco había tenido mucho éxito como jugador. Tuvo breves periodos como delantero en el Burnley y el Bolton Wanderers, y como entrenador se inspiró desde el inicio en los principios del juego de pases, desarrollando un juego cohesionado centrado en la posesión del balón.

El primer equipo en mostrar este estilo de juego fue el Queens Park, fundado en Glasgow en 1867. Ese estilo de juego –además del *passing game* original– era reconocido por muchos como *combination soccer,* e incluía el regate en muy pocos casos, ya que se consideraba un virtuosismo individual que no funcionaba como juego de equipo. Evidentemente, este estilo requiere una mayor organización y sinergia entre los actores y los departamentos. Quizá no sea casualidad que uno de los primeros equipos ingleses en adoptar este estilo de fútbol fuera el Royal Engineers AFC, un equipo formado por personal militar. Fue un fútbol de pases cortos e intercambios rápidos, en el que los equipos trataron de mantener el balón en el suelo en todo momento.

Hogan aceptó el puesto y, tras una temporada como entrenador del Amateure –en sustitución de Meisl, que había cambiado de función entretanto–, se hizo cargo de la selección austriaca. Desde el principio insistió en un entrenamiento basado en el uso del balón, en parte a expensas de sesiones exigentes desde el punto de vista físico y atlético. La técnica, en el fútbol que Hogan y Meisl iban a desarrollar, primaría sobre todo lo demás. Hogan, que durante sus primeros días en Viena había calificado de "espantosa" la cantidad de carne que consumían los jugadores austriacos, fue uno de los primeros entrenadores en introducir dietas personalizadas.

Antes de la llegada de Hogan, la diferencia entre el fútbol inglés y el danubiano era evidente. En la mayoría de las ocasiones en las que los equipos ingleses no oficiales se habían presentado en Viena para enfrentarse al nuevo continente, los equipos británicos habían llegado a las dos cifras. Y a nivel nacional ocurrió lo mismo: en una gira en 1908, Inglaterra se turnó para deshacerse de Austria (en dos ocasiones, 6-1 y 11-1), de Hungría (7-0) y del Reino de Bohemia (4-0). En los años siguientes, gracias a una serie de entrenadores británicos que abandonaron sus fronteras para buscar fortuna en la Europa continental, la brecha entre el fútbol inglés y el continental comenzó a reducirse. Hogan fue el responsable del primer éxito de un equipo austriaco contra uno inglés, cuando el Amateure derrotó al Sunderland por 2-1. El entrenador británico estaba convencido de que los ingleses estaban obsesionados con la forma física e ignoraban el control del balón, como demuestran las sesiones semanales de algunos de los equipos ingleses de principios del siglo XX, en las que solo jugaban el balón dos veces por semana.

De común acuerdo, Hogan y Meisl utilizaron el esquema 2-3-5, que era especialmente popular en aquella época. Este esquema,

también conocido como la pirámide, con los años, sería una constante. Era una idea del fútbol –que puede parecer inaplicable hoy en día– basada en el supuesto de que los dos defensas, llamados *full-backs*, se encargarían de los atacantes del adversario, que los centrocampistas laterales se encargarían de los *wingers* (extremos) del adversario y al mismo tiempo se repartirían en la fase de posesión del balón, mientras que el central debía poseer idealmente dos cualidades: la visión de juego, al tener que actuar como creador de juego, y el físico que le ayudaría a actuar como dique y recuperar balones. La segunda figura clave era el *centre forward*, es decir, el delantero centro, quien, en contra de la concepción moderna, antes de ser un goleador, debía ser capaz de retroceder y permitir a sus compañeros, los *inside forwards*, o delanteros interiores, marcar. Luego estaban los extremos, que solían ser liberados de las tareas defensivas. Su forma de juego competitiva era el 3-2-2-3, conocido como *sistema*, que incluía un tapón en detrimento de un centrocampista central.

Así nació una de las asociaciones más prolíficas de la historia del fútbol, y años después Hogan describiría a Meisl en los siguientes términos:

"El mejor hombre que he conocido en el fútbol". (…) Siento un gran respeto por Herbert Chapman, pero nunca he conocido a un hombre de fútbol como Meisl. Conocía el estilo de juego y la técnica de cualquier nación".

La simbiosis que se había desarrollado entre ambos quedó también patente en una curiosa anécdota. Más adelante, Hogan, siempre que aceptaba una asignación con una federación o equipo extranjero, tenía una cláusula insertada en su contrato que lo liberaba en caso de ser convocado por la ÖFV.

Tras algunos problemas iniciales de comunicación, a menudo resueltos por la oportuna intervención de Meisl, Hogan se había ganado la confianza de los jugadores que seleccionó para los Juegos Olímpicos de 1912 en Estocolmo. Sin embargo, los resultados de Austria no fueron emocionantes, ya que el equipo fue eliminado en la segunda ronda por Países Bajos y perdería la final de consolación contra Hungría.

Pero esta fue solo la primera ocasión en la que los caminos de Hogan y Meisl se cruzarían: Meisl también reclamó la ayuda de Hogan para los Juegos Olímpicos de 1916 –que no se celebraron debido a la guerra–, en la preparación del amistoso de lujo contra Inglaterra en 1932 y para los Juegos Olímpicos de 1936 en Berlín, donde Austria presentó un equipo *amateur* y fue derrotada en la final contra Italia tras un gol fortuito de Annibale Frossi. En 1934, cuando se jugó el Mundial, la cooperación entre ambos no fue posible: los honorarios de Hogan eran demasiado elevados para las maltrechas finanzas de la federación austriaca, que tuvo que buscar otra solución.

En 1914 su ambicioso proyecto se vio interrumpido por el estallido de la Primera Guerra Mundial. En el consulado británico de Viena se le dijo a Hogan que el riesgo de conflicto armado estaba lejos y que podía seguir con su misión sin problemas. Pero dos días después se declaró la guerra. Meisl sería llamado al frente, y Hogan se encontró con más problemas: fue arrestado como "enemigo en suelo extranjero". Afortunadamente, después se salvaría gracias a la intervención de Alfred Brúll, presidente del MTK de Budapest, que lo contrató como entrenador en 1916.

Meisl, en comparación con algunos de sus compañeros, tenía facilidades: hablaba tanto alemán como checo. Esto le eximió de uno de los mayores problemas en las filas de las distintas divisiones del ejército austrohúngaro: la comunicación. Al llegar a Ljubliana, sede temporal de su regimiento, fue asignado al batallón 29 del *Landsturm.* El 1 de noviembre de 1914 fue nombrado teniente de la campaña del imperio contra Serbia. No se sabe mucho sobre su experiencia en el frente, pero sí que luchó en el Isonzo y participó en la 11ª batalla, en la que murió el padre de Matthias Sindelar. También se conocen algunas de las condecoraciones que recibió: en 1915, en Krn, en el Isonzo, se le concedió la *Signum Laudis* —medalla al mérito militar concedida en Austria entre 1890 y 1918—, una Cruz de Plata al Mérito al año siguiente, una Cruz de Tercera Clase al Mérito en 1917 y la *Verwundetenmedaille* —medalla al herido— el 29 de enero de 1918, tras salvar a varios compañeros durante una avalancha. Con el fin de la Gran Guerra y la fundación de la Primera República de Austria, Meisl retomó su trabajo donde lo había dejado. Según los principios clave adoptados por él y Hogan.

III

Hugo Meisl fue afortunado en el contexto de la crisis que siguió al final de la Primera Guerra Mundial. Pudo retomar sus compromisos laborales en el Länderbank y sus compromisos deportivos, dividiendo su tiempo entre las tareas administrativas, su papel de entrenador de la selección nacional, árbitro y director del Wiener Amateur Sportverein. Además, fue columnista del periódico deportivo *Sport-Tagblatt* y empresario, ya que en febrero de 1920

fundó la empresa de artículos deportivos Stadion. Se trasladó a la Fasanengasse, una calle del tercer distrito de Viena, y se casó con Maria Bican en 1919. Tras el nacimiento de su primer hijo, la familia se trasladó a la Krieglergasse, también en el tercer distrito de Viena.

Una de las batallas de Meisl fue la creación de una liga profesional en Austria. Las ventajas de pasar del fútbol *amateur* al profesional eran que los clubes podían ganar más dinero y los jugadores recibir salarios legales. Al fin y al cabo, el fútbol se había convertido en un fenómeno de masas y en un producto mediático y social cada vez más parecido al fútbol inglés. Era el deporte del proletariado y de las clases trabajadoras, y la asistencia a los partidos había aumentado en consecuencia. Pero no todo el mundo estaba de acuerdo: para muchos, las cargas que implicaba este modelo no serían insignificantes.

Sin embargo, Meisl continuó su lucha y el 21 de septiembre de 1924 lo consiguió: la liga austriaca se convirtió en profesional. Como argumentó el entrenador en una entrevista en 1926, la introducción del fútbol profesional fue "en realidad una práctica de reembolso de los gastos de los jugadores, una práctica que ya existía durante los años de guerra". Según el entrenador, la única diferencia es que ahora los pagos son legales y están justificados.

No cabe duda de que la iniciativa de Meisl también fue observada con interés en algunos países vecinos: en Checoslovaquia el fútbol se hizo profesional en la temporada 1925-1926 y en Hungría solo un año después. A pesar de ello, algunos efectos secundarios no tardaron en aparecer desde los primeros años, como las desorbitadas demandas de las principales estrellas del fútbol —llamadas *Kanonen*— por salarios que sus clubes a menudo no podían pagar. Para paliar el problema, los patrocinadores suelen intervenir. Sin embargo, además de los salarios de los jugadores, los clubes tenían que hacer frente a una serie de gastos que antes ni siquiera se habían planteado, como el mantenimiento de los campos de juego y los gastos de publicidad.

Al igual que luchó por profesionalizar el fútbol, Meisl puso el mismo empeño en convertirlo en un fenómeno internacional, tanto en los clubes como en las selecciones nacionales. El objetivo era siempre el mismo: permitir a los clubes y a las federaciones ganar dinero explotando el entusiasmo del público a escala local y mundial. Así, en 1927 Meisl creó la Copa Mitropa y la Copa Internacional, dos precursoras de la futura Copa de Campeones de Europa y de los campeonatos europeos.

En referencia a la Copa Mitropa, Hugo Meisl afirmó que era un evento en el que "los mejores equipos de Europa Central tendrían la oportunidad de participar y ganar un valioso trofeo". Los ingresos permitirían a los clubes evitar las agotadoras giras al extranjero que hasta hace poco eran una importante fuente de ingresos, junto con los ocasionales amistosos que organizaba Meisl contra equipos ingleses.

Uno de los objetivos de la Copa Internacional –también llamada Copa Svehla– era reconstruir las relaciones diplomáticas entre las naciones que habían luchado en el frente. Hugo Meisl había odiado su experiencia en el frente y eso le motivó a hacer de pegamento entre los pueblos a través de su mayor pasión, el fútbol. Austria, Italia, Hungría, Checoslovaquia, Suiza y, en la última edición, Yugoslavia participaron en la competición, que no estaba fijada en el tiempo, aunque cada edición duraba aproximadamente dos años y funcionaba con el formato de un campeonato, es decir, con partidos de ida y vuelta.

Además del evento profesional, también hubo una edición *amateur*, que se disputó en dos ocasiones entre 1929 y 1934 y en la que Polonia y Rumanía, rivales de las selecciones nacionales amateur de Hungría, Austria y Checoslovaquia, jugaron una vez cada una. Gracias a su presencia en la Copa, la selección austriaca volvería a competir en una competición internacional. Su última aparición había sido en los Juegos Olímpicos de 1912, ya que la federación austriaca había sido excluida en 1924 y 1928 por haberse pasado al modelo profesional.

Hugo Meisl no fue el único que luchó por la emancipación del fútbol del modelo *amateur*: en Francia, Jules Rimet estaba entre los que sostenían la misma opinión. Presidente de la FIFA desde 1929, Rimet compartía la idea de que el fútbol debía profesionalizarse y alejarse del modelo promovido por su compatriota Pierre de Coubertin, inventor de los Juegos Olímpicos. La misión de Rimet era hacer del fútbol "un medio de entendimiento y amistad entre la juventud del mundo", en un intento de abrir este deporte al pueblo y permitir que jóvenes de orígenes modestos se ganaran la vida con sus actuaciones en el campo. En comparación con Meisl, Rimet denunciaba el carácter elitista del fútbol y del deporte en general: el amateurismo, según él, era un medio de confinar el deporte a ciertas castas privilegiadas.

IV

Una idea de cómo Meisl pretendía dar forma a la selección austriaca puede encontrarse en una entrevista con *Mundo Deportivo*:

"En cuanto un club de la capital tiene en sus manos una joven promesa de 15 o 16 años, me lo comunica, y a partir de ese momento empiezo a vigilarlo, poniéndome en contacto directo con él, y gracias a mis consejos y enseñanzas empiezo a formarlo como futuro jugador internacional. Este sistema tiene la ventaja de que los jugadores empiezan a respetarme enseguida y mi autoridad es absoluta. Además, así puedo confiar plenamente en ellos. Esta es la base de mi permanencia en el difícil papel de entrenador. Soy un verdadero amigo de los jugadores: comparto sus alegrías y sus penas e incluso las peores injusticias, si es necesario. Pero siempre con la condición de que entre ellos reine la máxima disciplina".

Meisl era uno de esos entrenadores que no se aferraban a ninguna formación y, si era necesario, no tenían ningún problema en probar nuevas soluciones en contra de los consejos de los aficionados y la prensa. Sindelar, por ejemplo, fue uno de esos campeones que no gozó inmediatamente de la confianza incondicional de su entrenador. Meisl solía preferir a otros delanteros en lugar de Sindelar, como Karl Jiszda —un potente delantero centro inglés— y Ferdinand Wesely, un ariete del Rapid, y más adelante, Friedrich Gschweidl, que aunque no era un gran goleador poseía otras características, como una imponente estructura física y un excelente remate de cabeza. Sin embargo, con la explosión de Sindelar en el Austria Viena y la ausencia simultánea de varios delanteros del Rapid de Viena debido a sus compromisos en la Copa Mitropa, Meisl comenzó a experimentar con Gschweidl y Sindelar al mismo tiempo, con la esperanza de que ambos pudieran coexistir debido a sus diferentes características. Sin embargo, Sindelar, al ser más versátil, tuvo que adaptarse: se desplazó a la derecha del campo en relación con la parte que ocupaba en Austria Viena.

Sin embargo, a pesar de algunas buenas actuaciones con la selección nacional y el Austria Viena, Meisl se echaba atrás: el 6 de enero de 1929, tras una derrota por 5-0 contra una selección regional alemana formada principalmente por jugadores del FC Nürnberg y del Greuther Fürth, discutió con el jugador y decidió excluirlo de las convocatorias de varios partidos. Las desavenencias entre ambos se debieron a algunas discusiones tras el partido: Sindelar había argumentado que el equipo debía jugar con pases más cortos a pesar de que el terreno estaba empapado. Meisl no estaba en absoluto de acuerdo y se produjo una disputa entre ambos.

Ese día se filtró a la prensa una declaración no confirmada de Meisl: "¡Nunca más Sindelar!". Sin embargo, a partir de 1930, después de que Meisl regresara a Viena tras un periodo de enfermedad, Sindelar volvió a ocupar su lugar entre las convocatorias. Un síntoma de que, tal vez, esos desacuerdos se habían desvanecido rápidamente. A pesar de los pocos goles, Meisl siguió alternando entre Sindelar y Gschweidl. A nivel personal, había un respeto mutuo entre Meisl y Sindelar: Sindelar veía a Meisl como una autoridad absoluta, y Meisl veía a Sindelar como un genio del fútbol. En general, Meisl siempre trató de mantener una distancia entre él y sus jugadores, por lo que se dirigía a Sindelar como "Herr Sindelar".

Pero el romance entre los dos nunca floreció. Por un lado, Sindelar representaba para Meisl el jugador ideal para desempeñar el papel de delantero centro, un papel que en la idea de Meisl tenía que ser el de un jugador capaz de retroceder y actuar como asistente de sus compañeros, por otro lado, los roces entre ambos le habían llevado en repetidas ocasiones a renunciar a la estrella del Austria Viena. Meisl estuvo varias veces tentado de sustituirlo por Josef Bican, un joven delantero del que el entrenador se había enamorado desde el principio por su hambre de gol, su técnica y su velocidad.

Lo que había convencido al entrenador de no tomar esa iniciativa eran las actuaciones de Sindelar con la camiseta del Austria Viena, entre ellas su éxito en la Copa Mitropa. Sin embargo, al final del Mundial de 1934, el momento parecía propicio: Sindelar iba camino de los 32 años y Bican estaba en la rampa de lanzamiento: solo la voluntad de este último de trasladarse a Checoslovaquia impidió a Meisl poner en marcha sus planes.

<h2 style="text-align:center">V</h2>

Un total de 122 partidos, incluidos los amistosos, los de la Copa Internacional y los de la Copa del Mundo, 66 victorias, 29 empates y 27 derrotas. Esta fue la numeralia de Hugo Meisl desde 1919, año en el que tomó las riendas de la selección austriaca. De Uridil a Sindelar, de Schall a Bican. Entrenó a muchos campeones y recibió muchos elogios de la prensa local e internacional. Sin embargo, no

cabe duda de que la época dorada del *Wunderteam* coincidió con la era Sindelar, es decir, con los años en los que la estrella del Austria de Viena encontró un lugar fijo en los esquemas de su entrenador.

Entre 1931 y 1936 Austria se consolidó como el mejor equipo del continente. El 16 de mayo de 1931 había pulverizado a Escocia en un partido amistoso con una convincente victoria por 5-0, a pesar de no contar con jugadores del Glasgow Rangers y del Celtic de Glasgow. Con el habitual aplomo británico, los periódicos del Reino Unido se quitaron el sombrero ante esta actuación. En *Athletic News*, el periodista Ivan Sharpe escribió:

> "En los años 1920 y 1921, el fútbol inglés y escocés habían alcanzado su apogeo. En aquella ocasión, Inglaterra se impuso a Escocia por 5-1 en Wembley y en el partido de vuelta Escocia ganó por 5-1 en Glasgow. Los dos equipos que ganaron estos partidos jugaron muy bien, pero soy de la opinión de que la actual selección austriaca es mejor que ambas".

Fue en esta ocasión cuando el equipo de Meisl pasó a llamarse *Das Wunderteam*, el Equipo de las Maravillas. Hubo quien, como Josef Gerö, presidente de la Asociación de Fútbol de Viena, argumentó que se trataba del éxito más importante de la selección austriaca en el ámbito internacional y quien, como Sindelar, señaló al final del partido la evidente diferencia técnica entre los dos equipos, ya que Escocia era incapaz de ofrecer el estilo de juego que la había hecho mundialmente famosa.

En pocos meses Austria infligió dos humillantes derrotas a Alemania: 6-0 en el partido de Berlín del 24 de mayo, y 5-0 en el del 14 de septiembre en Viena, ante 50 000 espectadores. El intento del seleccionador alemán Otto Nerz de cambiar su 11 de gala fue en vano. Sindelar, que ya era un fijo de la selección, marcó un triplete en el segundo partido.

Otras victorias aplastantes fueron contra Suiza y Hungría. Los hombres de Meisl derrotaron a los suizos con un contundente 8-1 en Basilea, y 8-2 contra Hungría ante 60 000 espectadores en Viena.

El 28 de octubre de 1932, tras la victoria de Checoslovaquia sobre Italia, Austria ganó la segunda edición de la Copa Internacional y por ello fue invitada a jugar un partido amistoso en Londres contra la selección inglesa, un honor que hasta entonces solo se había concedido a Bélgica y España en 1923 y 1931, respectivamente. Los precedentes no eran alentadores: en 1923, Inglaterra había derrotado a Bélgica por 6-1, y en 1931 el partido Inglaterra-España había terminado 7-1. Además, Austria no llegaba bien a Stamford Bridge: el *Wunderteam* venía de actuaciones poco convincentes contra algunos equipos vieneses menores. Un artículo publicado en los días previos al partido afirmaba que en lugar de un Inglaterra-Austria, el público vería un *Inglaterra-Rudi Hiden*. El propio Meisl, en un artículo escrito para la prensa alemana, había argumentado que no era el mejor momento para enfrentarse a la selección inglesa.

Meisl volvió a llamar a Hogan, quien describió la invitación para entrenar a los austriacos en esa ocasión concreta como "el mayor honor de mi carrera futbolística, y un maravilloso regalo por mi 50º cumpleaños". De hecho, la presencia de Hogan había sido posible gracias a la intervención de otro gran entrenador de la época: Herbert Chapman, quien con su enorme influencia en el mundo del fútbol había conseguido convencer al Racing Club de París —el equipo con el que Hogan había firmado un contrato— de que liberara al entrenador durante las dos semanas previas al partido de Londres. Chapman también había organizado la gira austriaca por Inglaterra, en la que el equipo se alojó en el Hotel Oddenino y se entrenó en las instalaciones del Arsenal. Meisl estaba tan cerca de Chapman como de Hogan, aunque la interpretación de las tácticas de Chapman y Meisl difería considerablemente. Mientras que Meisl propugnaba el estilo escocés, Chapman basaba su estilo de juego en los contraataques y los contragolpes y era un ferviente partidario del fútbol concreto y esencial. Pero a nivel personal los dos estaban muy unidos, como demuestra el hecho de que Meisl llamara Herbert a uno de sus hijos. El partido amistoso en Londres sería una oportunidad para que Meisl y Hogan mostraran a los padres fundadores ingleses los avances del fútbol continental.

El dúo impuso reglas estrictas que impedían a los jugadores tener cualquier contacto con sus familias del 10 al 28 de noviembre y optó por una forma inusual de preparación. Como escribió la revista española *Blanco y Negro*, Meisl organizaba tres conferencias semanales sobre la historia del fútbol británico, y solo una vez a la semana utilizaban el balón. Las sesiones de entrenamiento se centrarían principalmente en el uso de la parte superior del cuerpo y en el conocimiento del estilo de juego británico.

El árbitro designado fue el belga Langenus, el director de partido más respetado internacionalmente de la época. El 1 de diciembre, el equipo austriaco partió hacia Londres desde la estación de Westbanhof. El equipo era esperado por miles de seguidores y un

ambiente de total entusiasmo. Los jugadores sonreían y casi nadie se negaba a hacerse fotos con los aficionados. Los días previos al partido estuvieron salpicados de comentarios en los periódicos. El *Daily Mail* escribió:

> "No hay que olvidar que los austriacos tienen jugadores brillantes. Sabemos, por ejemplo, que Sindelar es exactamente tan bueno como los mejores delanteros ingleses: es brillante en el control del balón y remata igual de bien con ambos pies. Y tanto Zischek como Hiden son jugadores de primera clase".

En Viena, la *Heldenplatz* (Plaza de los Héroes) estaba repleta de espectadores. Se habían colocado tres enormes altavoces para escuchar los comentarios de Willi Schmieger y Balduin Naumann. La propia Comisión de Finanzas del Parlamento había aplazado su reunión con motivo de la misma.

En el Stamford Bridge había unos 42 000 espectadores, una cifra baja teniendo en cuenta la magnitud del evento, pero que reflejaba el estado de ánimo en la víspera del partido: Inglaterra lo tendría fácil.

De hecho, los ingleses marcaron en los primeros minutos, confirmando las sensaciones de los días previos al partido. Hiden, quizá presionado por jugar bajo la atenta mirada de Chapman, el entrenador que le había insistido en el Arsenal, no había estado impecable. La calidad de los austriacos empezó a mostrarse, pero fueron de nuevo los ingleses los que marcaron, por medio de Hampson. En el minuto 27 el marcador era de 2-0 y fue entonces cuando Austria empezó a ponerse en marcha. Smistik y Sindelar pasaron a primer plano, pero el jugador más activo fue Zischek, con sus incursiones por la derecha. Vogl tuvo la oportunidad de hacer el 2-1, pero la desperdició. Al comienzo de la segunda parte, Hiden se opuso a un disparo de Houghton y poco después, tras una combinación de Sindelar, Schall y Zischek, el balón entró en la red: 2-1. Comenzó un asedio e Inglaterra se replegó en su propia área, y Austria hizo cuatro saques de esquina consecutivos. El cabezazo de Nausch dio en el poste y el disparo de Schall fue despejado por el portero inglés. Inglaterra se reagrupó y, tras dos excelentes paradas de Hiden, Houghton marcó de tiro libre. Schall se había agachado, creyendo que Hiden estaba cubriendo el poste, pero el balón le golpeó en la parte superior de la cabeza y entró en la red. El resultado fue una flagrante mentira, ya que los austriacos se mostraron superiores en varias fases del juego. Después, el espectáculo de Matthias Sindelar: tras recibir el balón de Vogl, cruzó la línea de medio campo, evitó un par de entradas a destiempo de sus rivales y, ante Hibbs, marcó: 3-2, el partido se reabrió. Esa obra también fue aplaudida por el público inglés que, para ser justos, se había entusiasmado con las iniciativas de los austriacos mucho antes de esa hazaña. Incluso el árbitro Langenus, elegido para la ocasión, opinó sobre el gol al final del partido: "El gol de Sindelar fue una obra maestra que nadie pudo hacer contra los ingleses. Nadie antes ni después de él". (De hecho, otro jugador estaría allí, y sería Diego Armando Maradona 54 años después). Dos minutos más tarde, en el minuto 82, un remate de larga distancia de Sammy Crooks sorprendió a Hiden y puso a Inglaterra 4-2 arriba. A falta de cinco minutos, Zischek volvió a marcar en un saque de esquina, y hacia el final del partido se anuló un gol a los ingleses. El partido terminó 4-3.

William Walker —uno de los elementos de la línea de ataque inglesa— dijo al final del partido que si hubieran jugado un segundo partido, los ingleses habrían marcado ocho goles. Sin embargo, las opiniones de la prensa coincidían en que si Austria hubiera sido capaz de aprovechar todas las ocasiones creadas, el partido habría terminado seguramente de otra manera. Años más tarde, Willy Meisl contó una anécdota que atestigua el recuerdo que el *Wunderteam* había dejado en Inglaterra:

"Unos años más tarde, cuando me mudé a Inglaterra, volví a Stamford Bridge. Sabía que se había reservado un billete a mi nombre. Pregunté tímidamente: '¿Tienes un sobre para Meisl?'. El responsable empezó a hojear el enorme montón de cartas mientras yo empezaba a pensar que no había entendido mi pronunciación o que la tarjeta nunca había sido reservada. Así que me puse a deletrear mi nombre, mientras el empleado encontraba el sobre. Me lo entregó con la firmeza de un sargento, que probablemente había sido en el pasado, y me dijo en voz baja y con sinceridad: 'Nunca olvidaré este nombre mientras viva".

Además de ofrecer análisis detallados del partido, la prensa también se centró en algunas actuaciones individuales. Anton Schall fue descrito como un "estratega de primera clase", pero fue la actuación de Matthias Sindelar la que fue especialmente elogiada. Sobre Sindelar, un periodista del *Daily Herald* escribió: "Sindelar es el mejor delantero centro que ha conocido Europa continental. No recuerdo una jugada, un toque o una finta que no haya sido en beneficio de su equipo".

VI

El año 1933 fue complicado para Meisl y su equipo. Varios jugadores mostraban signos de edad y el rendimiento del equipo era desigual. Esto supuso un gran problema, ya que al año siguiente, la selección austriaca disputaría el primer Mundial de su historia. Todo el mundo —especialmente la prensa— tenía claro que los hombres de Meisl ya no eran tan brillantes como lo habían sido uno o dos años antes. "Érase una vez el *Wunderteam*", escribió *Sport-Tagblatt* tras la derrota en casa por 2-1 contra Checoslovaquia. Uno de los jugadores en el punto de mira del entrenador fue, una vez más, Matthias Sindelar. En una entrevista, Meisl declaró:

> "Me siento obligado a inyectar nuevos glóbulos rojos en la sangre de nuestro viejo y anémico *Wunderteam*. El tiempo pasa para todos, y obviamente Sindelar no es una excepción. Las repetidas y agotadoras reuniones con su club durante los últimos meses me han llevado a tomar esta decisión".

Sin embargo, estas convicciones se verían sacudidas por enésima vez tras la victoria de Austria en un amistoso contra Hungría (5-2), a solo unos 40 días del comienzo de la Copa del Mundo. En esa ocasión, Sindelar fue prácticamente por unanimidad el mejor jugador sobre el terreno de juego, como escribió *ABC*: "Eclipsando por completo a Sarosi". Zischek, Bican —un doblete—, Viertl y Schall marcaron, con Sindelar actuando como asistente. Meisl decidió dar marcha atrás y apostar por la pareja Sindelar-Bican para el Mundial.

El interludio italiano, marcado por actuaciones fluctuantes y arbitrajes a menudo discutidos, había dejado mucha amargura en las filas de la selección austriaca. Pero ni siquiera hubo tiempo para superar la decepción de la derrota cuando Meisl y su equipo tuvieron que volver a la fase final de la Copa Internacional, con la esperanza de defender el título conseguido dos años antes como consuelo parcial por un Mundial que había salido mal. Sin embargo, los resultados no fueron los mejores y la Italia de Pozzo y Meazza ganó esa edición.

Las críticas se centraron principalmente en Matthias Sindelar. Tras la derrota contra Hungría, los periódicos —probablemente por primera vez— expresaron su escepticismo sobre el estado físico del jugador y se mostraron partidarios de rejuvenecer la alineación. El *Wiener Sonn-und Montags-Zeitung* escribió: "Parece claro que Sindelar necesita descansar. Últimamente le falta dinamismo, juega de forma lenta y poco resuelta". Incluso los que inicialmente habían criticado a Meisl por excluir a Sindelar en ciertas ocasiones, empezaron a ponerse de parte del entrenador. La autoridad de Hugo Meisl se vio socavada tanto a nivel local como internacional, como demuestra el hecho de que fuera durante esta fase cuando lanzó la carrera de un joven y prometedor entrenador llamado Bela Guttmann, un antiguo conocido del fútbol vienés que había ganado un título nacional con el Hakoah de Viena, y le aseguró un contrato con el club holandés Sportclub Enschede.

El canto del cisne de Meisl fue la victoria en el amistoso contra Inglaterra del 6 de mayo de 1936. El seleccionador decidió que confiaría en la vieja guardia, ya que no quería correr el riesgo de jugar con un equipo inexperto y tirar por la borda la posibilidad de revancha contra los ingleses. Meisl no temía la calidad del juego de Inglaterra, que según él era igual o inferior a la de los austriacos, sino su velocidad, por lo que ofreció premios en metálico para los ganadores de las competiciones de 60, 100, 200 y 400 metros.

Los ingleses, como dos años antes, estaban representados principalmente por jugadores del Arsenal, aunque Chapman había dejado el banquillo de los *Gunners* hacía dos años. Las circunstancias excepcionales hicieron que la ÖFB pensara en todos los detalles, por lo que, al igual que en el partido de Londres de cuatro años antes, se eligió al belga Langenus como árbitro del encuentro. Austria vestía un uniforme rojo con bordes blancos. A los 20 minutos, los 60 000 espectadores estaban entusiasmados: Austria llevaba dos goles de ventaja gracias a Viertl y Geiter. Sindelar, con dos asistencias, parecía imparable y había devuelto con creces la confianza de su entrenador en él. El partido terminó 2-1, el gol de Carnsell en el minuto 54 no cambió el veredicto del partido. Fue la primera vez que Austria dio la impresión —aunque un cierto equilibrio ya había sido evidente cuatro años antes— de que la supremacía del fútbol inglés sobre el continental había empezado a tambalearse, y todo gracias a un entrenador contra el que más de uno había empezado a volverse desde hacía tiempo.

VII

A nivel humano, pocas personas no adoraban a Hugo Meisl. Karl Heinz Schwind, editor del periódico Kronen Zeitung durante muchos años, escribió tras conocer a algunos de los jugadores del

Wunderteam: "Todos querían a Meisl. Sin embargo, hoy en día los jugadores se quejan a menudo de las sesiones de entrenamiento". Josef Smistik dijo una vez: "Era nuestro Dios". Sus decisiones eran aceptadas por todos y nadie se atrevía a desafiar su autoridad. Un ejemplo fue Peter Platzer, un portero de fama mundial que durante años tuvo que aceptar el papel de suplente de Rudolf Hiden.

En una ocasión, durante un entrenamiento de la selección austriaca en Budapest, se produjo un curioso episodio: Meisl persiguió a Wudi Müller con su sombrero en una mano y un palo en la otra. El jugador había hecho enfadar a su entrenador tras un arriesgado regate que acabó con la pérdida del balón. Müller dijo que nunca había corrido tanto como en aquella ocasión para intentar evitar que le pillara su entrenador.

Meisl falleció el 17 de febrero de 1937, a la edad de 55 años, a causa de un infarto; un problema que ya se había manifestado antes cuando el entrenador había abandonado brevemente Viena para recibir tratamiento. El entrenador estaba en las oficinas de la ÖFB interrogando a Richard Fischer, una joven promesa del First Vienna, sobre su edad. Fischer afirmó tener 17 años, pero Meisl no estaba convencido: recordaba una conversación con el entrenador del First Viena tres años antes en la que entendía que Fischer tenía la misma edad en ese momento. De repente, Meisl asintió a Fischer, se sentó y un segundo después se desplomó. Fischer no perdió ni una milésima de segundo en pedir ayuda, y la dirección del ÖFB se apresuró a llamar a Emanuel Schwarz, médico y presidente del Austria de Viena. Pero no pudieron hacer nada: Schwarz llegó al lugar y solo pudo confirmar la causa de la muerte.

Las primeras condolencias vinieron de las altas esferas de la ÖFB, una institución que debía mucho al trabajo realizado durante años por Hugo Meisl. Richard Eberstaller, su presidente, escribió en una declaración reproducida posteriormente por *Sport-Tagblatt*:

> "En este momento nos resulta imposible calcular el peso de esta pérdida, pero los méritos de Meisl siguen siendo inmensos. Por lo tanto, solo puedo expresar mi dolor personal y la pena que persiste en todos los miembros de la Asociación, así como en toda la comunidad futbolística. Representaba la esencia del entusiasmo que se creó por el fútbol, no solo en nosotros sino en todo el mundo. Como gran profesional, fue capaz de aportar toda su experiencia al fútbol".

El funeral se celebró el 21 de febrero. Entre los invitados estaban casi todos los jugadores que Meisl había entrenado a lo largo de los años. Algunos, como Josef Bican, incluso vinieron del extranjero. En medio de las lágrimas y la emoción, el excapitán Walter Nausch dio el último adiós al entrenador austriaco en nombre de todo el equipo:

> "Me acerco al ataúd en nombre del equipo que creó Hugo Meisl, en representación de todos los jugadores en activo. Nos separamos para siempre de nuestro querido amigo Hugo Meisl. Los jugadores austriacos nunca le olvidarán".

También llegaron muchas condolencias desde el extranjero. Jules Rimet, con quien Meisl había trabajado en la creación de la Copa del Mundo, vino a Viena para el funeral. También hubo homenajes de periódicos extranjeros para el entrenador y héroe del *Wunderteam*. El *Excelsior de París* saludó a Meisl como "el Napoleón del fútbol austriaco", mientras que la *Gazzetta dello* Sport escribió:

> "No hay deportista italiano que no esté profundamente conmovido por esta pérdida. Italia ha perdido a un amigo y compañero de armas que trabajó con toda su energía para promover los intereses del fútbol italiano".

El periódico húngaro *Nemzeti Sport,* por su parte, recordó su compromiso a nivel internacional y sus batallas para promover la cooperación entre naciones.

En el Museo de Austria en Viena, toda una sala está dedicada a la memoria de Hugo Meisl, y en ella se exponen algunos de los objetos que decoraban su despacho en Karl-Marx-Hof: un sillón, una mesita con dos sillas, cojines, estanterías, un piano y un escritorio.

CAPÍTULO 3

LA IDENTIDAD BOHEMIA DEL WUNDERTEAM: LA INMIGRACIÓN EN LA ÉPOCA DE LOS HABSBURGO

"A menudo escuchamos historias sobre estrellas del fútbol que crecieron en condiciones precarias y se convirtieron en campeones. Además del talento, el hilo conductor de estas historias es el hambre. El hambre de imponerse, de llegar y obtener a través del deporte una redención y un reconocimiento social de otro modo impensable. Desde este punto de vista, Austria, uno de esos países que salieron maltrechos de la Gran Guerra, habría sido terreno fértil para dos generaciones enteras de estrellas del fútbol. De los escombros de la posguerra floreció el Wunderteam, y de la depresión de la Segunda Guerra Mundial surgió un equipo capaz de hacerse un nombre internacional. Muchos de estos jóvenes procedían de los suburbios de Viena: Favoriten, Ottakring, Rudolfsheim y otros. Y muchos de ellos eran hijos de emigrantes económicos de Bohemia y Moravia, algunas de las regiones más pobres del imperio. También hay que recordar que en 1924, y por tanto en el periodo de entreguerras, el fútbol en Austria se había profesionalizado y ser una estrella del fútbol significaba ganar no solo popularidad, sino también dinero, mucho menos de lo que gana un jugador hoy en día pero mucho más de lo que ganaba un chico nacido y criado en uno de los suburbios de Viena en aquella época. En comparación con otros deportes que tradicionalmente eran para uso y consumo de la aristocracia y la élite de la ciudad, el fútbol estaba abierto a todo el mundo: solo se necesitaba un balón, incluso uno hecho de trapos si era necesario, y un partido podía tener lugar casi en cualquier lugar, en un aparcamiento abandonado, en un jardín o en una calle tranquila. Su carácter democrático y transversal lo convirtió en el deporte de las masas. Y solo unos años después, toda la nación cosecharía los beneficios".

I

Durante la hegemonía de los Habsburgo, se produjeron oleadas migratorias del campo a las grandes ciudades. El destino más popular fue la capital del imperio, Viena, donde se instalaron cientos de miles de emigrantes, procedentes del campo austriaco o las ciudades menos pobladas, sino también de otros territorios bajo la corona como Hungría, el Reino de Bohemia, el Margraviato de Moravia y Silesia.

La mayoría de estos nuevos pobladores encontraron empleo en la industria del ladrillo o del vestido. En esta última, los trabajadores bohemios solían trabajar como sastres o zapateros, y muchos de sus hijos habrían estudiado en instituciones especializadas para dar continuidad a la profesión de sus padres. Según algunas estadísticas, en 1910 la proporción de alumnos bohemios en las escuelas de confección se acercaba al 67%. Las mujeres, en cambio, trabajaban principalmente como cocineras o cuidadoras. Ya en la segunda mitad del siglo XVIII, la inmigración bohemia a Viena era constante. En una primera fase, los suburbios donde se asentaron principalmente los inmigrantes fueron Landstrasse y Wieden, en el tercer y cuarto distrito de la capital, respectivamente.

Según un informe de 1778, la lengua principal en estas zonas no era el alemán, sino el bohemio, que a partir del siglo XIX se llamó oficialmente checo. Fue en bohemio donde se emitieron la mayoría de los anuncios públicos destinados a los residentes de la zona. Hacia mediados del siglo XIX se produjo una segunda oleada migratoria desde Bohemia que continuó ininterrumpidamente hasta el estallido de la Gran Guerra. Las nuevas infraestructuras y edificios a ambos lados de los suburbios, junto con el *boom* inmobiliario en el centro de la ciudad, requerían más mano de obra. Fue 1848 el año de la revolución en Viena, y en 1857 el emperador Francisco José I de Austria decidió eliminar las murallas que obstaculizaban el desarrollo de la ciudad en rápida expansión.

Entonces se contrató a numerosos trabajadores checos y moravos para que rediseñaran la Ringstrasse, eliminando las fortificaciones y murallas y construyendo una larguísima avenida flanqueada por edificios señoriales. El desarrollo de Viena como metrópoli internacional se había hecho público en todas las regiones del imperio y había fomentado la llegada de un gran número de trabajadores cualificados y no cualificados. Una vez más, gran parte de este flujo procedía de Bohemia y Moravia.

En 1885 se construyó el Prater[1] entre las zonas de Wienerberg y Laaerberg, dos de los distritos más densamente poblados por inmigrantes bohemios. Muchos de los llamados *Ziegelböhmen*, término despectivo con el que los ciudadanos vieneses se referían a los albañiles bohemios llegados a la capital austriaca, eran explotados por sus empleadores. Una condición a la que también estaban sometidos los *Maltaweiber*, los trabajadores del mortero. En algunos casos, los trabajadores se hacinaban en habitaciones comunales y se les pagaba con monedas de lata aceptadas únicamente en tabernas y tiendas que tenían acuerdos con los empresarios de las fábricas donde trabajaban los obreros.

La situación de los *Ziegelböhmen* y de las restantes familias que vivían en los suburbios de la capital fue documentada en diversas publicaciones de la época. Por ejemplo, el *Denskchrift der Vororte* (Informe de los Suburbios) de 1884 escribía sobre la situación del barrio de Favoriten: "Los trabajadores gastan menos aquí, y los comerciantes y fabricantes venden artículos más baratos que en el centro de la ciudad". Favoriten era probablemente el distrito con los costes de alquiler más bajos, muy por debajo de los precios prohibitivos del centro de la ciudad.

Según el censo de 1900, la lengua principal de 102 974 habitantes vieneses era el checo, y en Favoriten esta proporción alcanzó el 25%. Así, Viena se convirtió en la primera ciudad Bohemia después de Praga. Además, de los 133 009 habitantes de Favoriten 23 437 eran bohemios.

En 1895, la cólera de los trabajadores estalló y dio lugar a una huelga que obliga a los industriales a renegociar las condiciones de trabajo con sus empleados. Algunos de los resultados de la protesta fueron la concesión de salarios regulares, una jornada laboral de once horas —las jornadas solían ser de quince— y el domingo como día de descanso.

En los años siguientes se fundaron varias asociaciones bohemias de carácter cultural, algunas de las cuales sobrevivirían hasta nuestros días. Las asociaciones de trabajadores no fueron las únicas que proliferaron en la capital. De hecho, a principios del siglo XX, la comunidad bohemia también había creado otras asociaciones, como el Slovansky Zpevacky Spolek, un club musical fundado en 1856, el centro cultural Slovanska Beseda, fundado en 1865, y el Akademic-

---

1   El *Prater* es un popular espacio de recreo en el que se sitúa el parque de atracciones más antiguo del mundo. Su noria, de 60 metros de altura, es uno de los símbolos de Viena.

ky Spolek –que se traduce como Asociación Académica– fundado en 1868. Aunque la población eslovaca era minoritaria respecto a la bohemia, también dio lugar a algunas asociaciones: una de ellas, llamada Tatran, gozaba de gran popularidad entre los estudiantes eslovacos.

El primer club deportivo checoslovaco se fundó en 1866 con el nombre de Sokol –que se traduce como Falco– un club dedicado a la gimnasia. En 1910, el Sokol contaba con 15 clubes en Viena y sus alrededores –algunos de los más importantes eran el Sokol Vidensky, el Sokol Fügner o el Sokolska Jednota– y tenía unos 2800 socios. En 1902, la Delnicka Telocvicna Jednota –la Asociación de Trabajadores Socialdemócratas– fundó el club de fútbol SK Slovan, que todavía existe y en el que Antonin Panenka jugó muchos años después.

Además de construir el estadio Franz Horr –que sería la sede del Austria de Viena durante muchos años– entre 1922 y 1925 con el nombre original de estadio České Srdce, el club pasaría a la historia al llegar a la final de la Copa de Viena en la temporada 1923-1924, para perder en la prórroga en un emocionante 8-6 contra el Wiener Amateure Sportverein. El gol de Ferdinand Swatosch en el minuto 90 llevó a los dos equipos a la prórroga y la victoria se escapó por poco.

El SK Slovan, aunque es conocido sobre todo por su equipo de fútbol, era en realidad un club polideportivo. Tenía un equipo de ciclismo y otro de atletismo. En 1935 cambió su nombre a AC Slavia y en 1940 a AC Sparta. Con los años, surgieron en Viena otros clubes de fútbol con sede en Bohemia, como el SK Moravia, que luego se fusionó con el SK Cechie, el SK Slavoj, el Videnske Slavie o el Wienerberger, pero ninguno alcanzó los resultados y la popularidad del SK Slovan. El AC Sparta sería uno de los pocos clubes checoslovacos que no se disolvió tras la invasión alemana, aunque su supervivencia fue cuestionada en repetidas ocasiones. La política de arianización aplicada por los dirigentes nacionalsocialistas impedía a menudo que los jugadores de origen bohemio participaran en los partidos y obligó a Alois Janousek –secretario del club– a dimitir de su cargo. La batalla por mantener la identidad bohemia del club también fue dura: los alemanes querían rebautizar el club como Eintracht o Germania X, y solo la intervención de un funcionario de la ÖFB frustró las intenciones de los invasores. Pero a pesar de ello, los nazis nunca pensaron en prohibir el club debido a que más del 50% de sus atletas se habían alistado en la *Wehrmacht*.[2]

---

2   La *Wehrmacht* (del alemán: "poder de defensa") se refiere a las fuerzas armadas del Tercer Reich. Sus tres ramas principales eran el *Heer* (ejército), la *Luftwaffe* (fuerza aérea) y la *Kriegsmarine* (marina).

II

Uno de los suburbios con más mano de obra era Floridsdorf, que contaba con una gran zona industrial. Empresas como Siemens & Halske, Clayton-Shuttleworth y FIAT tenían sus plantas aquí. Entre las empresas del distrito de Floridsdorf, muchas se dedicaban a la industria textil y alimentaria.

Admira Viena que con el paso de los años se convertiría en uno de los equipos más importantes de la capital, estaba estrechamente vinculada a Sohne, de Hermann Pollack, una empresa dedicada a la transformación de tejidos de algodón procedentes de Bohemia. Igualmente importante era Simmering, un distrito con importantes empresas locales e internacionales como Maschinen-und Waggonbau-Fabriks-AG y Apollo-Kerzenfabrik, que empleaban a muchos trabajadores bohemios, húngaros, búlgaros y croatas.

Aquí, una de las principales actividades de ocio de los trabajadores —uno de los logros más importantes tras el levantamiento obrero— era el fútbol, un pasatiempo especialmente popular entre los hijos de los trabajadores que se beneficiaban de las extensas praderas sin coches, como la zona de Laaer Berg, entre Favoriten y Simmering. En este contexto se fundó el Simmeringer SC en el distrito de Erdberg por 20 niños que, como muchos de sus compañeros, solían patear el famoso *Fetzenlaberl*. Sus intenciones se vieron facilitadas por la ayuda de una antigua enfermera del abandonado hospital Blatter, que donó a los chicos del lugar los vestuarios que antes utilizaba el personal del hospital.

En 1937 un informe daba la siguiente estadística: alrededor de un tercio de los jugadores profesionales de Austria procedían de los suburbios de Favoriten y Floridsdorf. No es casualidad que unos años antes, cuando Austria acudió a Italia como favorita para disputar el Mundial de 1934, Hugo Meisl propusiera una alineación compuesta por 7 de 11 jugadores de origen bohemio y moravo, como Karl Sesta —que nació como Karl Szestak—, Franz Cisar, Josef Smistik, Karl Zischek, Johann Urbanek, Matthias Sindelar y Josef Bican, sin olvidar que el propio Hugo Meisl había nacido en Bohemia.

Desde los primeros años del fútbol en Austria, los jugadores del *melting pot* de la Viena de los Habsburgo llamaron la atención

del público en general. En algunos casos, su actitud en el terreno de juego reflejaba las dificultades que habían experimentado en su juventud.

Hubo quienes, como Karl Sesta –uno de los muchos futbolistas de la época, nacido y criado en el distrito de Simmering–, se convirtieron en uno de los defensores más fuertes de la época tras emprender la carrera de herrero. En realidad, su carrera había comenzado como delantero, pero su físico y la dureza con la que se enfrentaba a sus rivales hicieron que volviera a la defensa. Le apodaban *Der Blader* (el Gordo), y se caracterizaba por dos cosas: su insubordinación, razón principal por la que no entraría en los planes del seleccionador alemán Herberger en 1938, y su capacidad para levantar por la fuerza a los rivales que se desplomaban en el suelo y ordenarles que se levantaran. Sesta se convertía a menudo en el principal objetivo de los aficionados rivales, que no le ahorraban abucheos e insultos desde que entraba en el campo.

Pero incluso más que Karl Sesta, el jugador que más reflejó la ira y el estado de ánimo de los suburbios de la época fue Josef Pepi Uridil, apodado *Der Tank* (el Tanque).

En otras ocasiones, el carácter de Sesta y el de Uridil dejaban el campo al talento de los jóvenes que pasaban horas y horas en los jardines y parterres y que iban a resultar decisivos en la configuración del estilo de juego austriaco en los años venideros. Antes de Matthias Sindelar había estado Johann Studnicka –o Jan, como se llamaba a sí mismo cuando era un niño en los partidos de fútbol, ya que a finales del siglo XIX el fútbol estaba socialmente mal visto y se castigaba en las escuelas– y diez años después aparecería Josef Bican.

III

Johann Studnicka fue uno de los jugadores más conocidos de la selección austriaca que participó en los Juegos Olímpicos de Estocolmo en 1912. Jugó junto a la entonces estrella del Amateure Ludwig "Luigi" Hussak, una figura de la que hablaremos más detalladamente adelante. Durante el certamen marcó dos goles: uno en la primera ronda eliminatoria, en la victoria por 5-1 sobre Alemania, y un segundo en la semifinal del torneo de consolación, en el que participaron los equipos previamente eliminados, contra la Italia de Pozzo, partido que terminó con una goleada a favor de los austriacos.

De hecho, la hazaña contra Alemania se vio facilitada por la lesión del portero alemán Albert Weber. Sustituir a un jugador lesionado era posible, sí, pero con el consentimiento del rival. Los austriacos se negaron, aunque todavía no está claro si esto se debió a la elección del capitán o a la ignorancia de las reglas del juego. En cualquier caso, en la segunda parte, Studnicka y sus compañeros de equipo arrollaron al rival con goles.

Antes de participar en la cita olímpica, Studnicka había tomado parte en el primer partido internacional disputado entre dos equipos no británicos en 1902, cuando Austria infligió una aplastante derrota por 5-0 a sus vecinos húngaros en Viena y Studnicka marcó tres goles. Un año más tarde se repetiría el guion, ya que Austria se impuso a Hungría por 4-2, y Studnicka volvió a marcar un triplete.

En aquellos años, el Wiener AC, equipo en el que jugaba Studnicka, era el más exitoso de la capital y cinco o seis de sus jugadores aparecían regularmente en la selección nacional austriaca. Entre ellos estaba Alexander Popovich –apodado Xandi, o Poperl, que también era bohemio–, pero en 1910 dejaría el fútbol y se convertiría en uno de los fundadores del Wiener Amateur Sportverein, que hasta entonces había sido, bajo el nombre de Vienna Cricket and Football Club, el más enconado rival del Wiener AC tanto en la liga como en la Challenge Cup.

En el plano técnico, muchos en Viena atribuyeron a Studnicka el regateo, un movimiento que se hizo efectivo por la diminuta estatura del jugador. Los caricaturistas de la época disfrutaban representando sus piernas redondeadas, y los partidarios del Wiener AC afirmaban que el jugador encargaba a su sastre la confección de unos pantalones deformes para que se ajustaran a su peculiar contextura física. Studnicka consiguió en su club los éxitos que no había logrado con su selección: ganó tres veces la Challenge Cup, en 1901, 1902 y 1903, convirtiendo al Wiener AC en el equipo más laureado de la competición en aquella época.

En el ámbito local, durante los mismos años en que ganó la Challenge Cup, Studnicka lograría un éxito similar al proclamarse campeón de la Tagblatt Cup –el campeonato austriaco disputado entre 1900 y 1903–, ganando la primera edición. Como entrenador, ganaría un título nacional en el FC Zürich, al que llegó después de dos años menos que estelares en el First Vienna.

Sin embargo, la popularidad de Studnicka nunca fue comparable a la que alcanzarían más tarde Uridil y Sindelar: la razón fue la

falta de popularidad del fútbol en aquella época. En ese tiempo, la asistencia a los partidos no era ni de lejos lo que sería en años posteriores: si se observan algunos de los partidos que Austria jugó contra Hungría, se puede ver que en 1919 Josef Uridil marcó un gol ante 20 000 espectadores, cifra que se triplicó en 1932, cuando Sindelar tuvo una actuación magistral contra el equipo húngaro, que culminó con un 8-2 final. Dos décadas antes, cuando Austria perdió la final de consolación contra Hungría en los Juegos Olímpicos de Estocolmo, y Studnicka estaba en el campo, solo 5000 personas asistieron al partido.

IV

Josef Uridil, nacido el 24 de diciembre de 1895 en las afueras de Ottakring e hijo de un sastre bohemio, se convertiría en el primer ídolo real de las multitudes vienesas. Había elegido la profesión de futbolista porque, como él mismo reconocía, este trabajo le permitía dedicarse al fútbol todos los días al final de la tarde. No era el primer talento de los suburbios que asombraba a su público, pero en comparación con sus predecesores pudo actuar en una época en la que el fútbol se había consolidado definitivamente como el deporte más popular del país, el deporte del proletariado. Se hablaba de fútbol tanto en los suburbios como en los barrios más ricos, y las estrellas del fútbol empezaban a gozar del estatus del que gozan las celebridades de otros mundos. En este sentido, Uridil fue el predecesor de Sindelar, aunque como se verá más adelante, no había muchas similitudes entre ambos.

En su autobiografía, publicada en 1924, Uridil se describe a sí mismo de la siguiente manera:

> "Desde muy joven me apasionó el fútbol, y a los 10 años empecé a dar patadas a un balón. Para mí fue un placer, aunque también un dolor en algunos casos, ya que después nos dimos de hostias en cada partido. Pero eso nunca me impidió, como *Hasnerstrasser,* desafiar a los *Brocken* —los guapos— de la Koppstrasse al día siguiente".

Unos años antes, cuando tenía poco más de 20 años, lo dijo en un texto escrito con motivo del 20º aniversario de la fundación de su club, el Rapid:

> "Tengo 23 años, y confío en que mis 81 kilos puedan mantener los colores verde y blanco al menos otros ocho años. Les deseo a todos el mismo éxito que yo he tenido en el mundo del fútbol. Aunque mi madre todavía me espera

de vez en cuando en la puerta con un rodillo y otros objetos contundentes, el lema de nuestro club sigue siendo el mismo: 'Viva los colores verde y blanco, los campeones de Viena'".

Al final de la Gran Guerra, Viena estaba plagada de campeones, y nada hacía pensar que Uridil se elevaría por encima de los demás para convertirse en un verdadero héroe popular. La leyenda de Uridil nació en 1922, cuando el conocido cantautor Hermann Leopoldi escribió la canción "Heute Spielt der Uridil" (Hoy juega Uridil). El fútbol y la música se fusionaron, ganando popularidad en la ciudad de Viena, donde ambas coexistian muy fraternalmente.

La canción, una especie de balada animada, se convirtió en una de las más populares en la década de 1920. Una fotografía de 1923 muestra a una banda de seguidores del Rapid recibiendo al equipo en el campo con la canción dedicada a su jugador estrella durante el derbi contra su rival de la ciudad, el Wiener Amateur Sportverein. Esta canción ganó popularidad incluso entre quienes no compartían la misma pasión por el fútbol y contribuyó así a la reputación del Tanque. Poco después, Uridil también aparecería en la gran pantalla, en la película *Pflicht und Ehre* (Deber y honor), donde se interpretaba a sí mismo, ese mismo año, 1924, el escritor Alfred Deutsch-German —un nombre ficticio— publicó una novela homónima.

Su popularidad creció incluso fuera de la afición del Rapid gracias a sus hazañas con los colores de la selección, aunque el Tanque solo participó en partidos amistosos a lo largo de su carrera. En la primera oportunidad, el 5 de octubre de 1919 —el primer partido de la selección austriaca desde el final de la Gran Guerra—, Meisl convocó al entonces joven Uridil, de 24 años, que le devolvió el favor marcando ante 20 000 espectadores: Austria ganó a Hungría por 2-0 y el ciclo de Meisl reinició tras la interrupción que supuso la Primera Guerra Mundial. En el Rapid, al igual que en la selección nacional, Uridil encontró su socio ideal en Richard Rigo Kuthan, tres veces máximo goleador de la liga austriaca entre 1913 y 1922.

Sus hazañas técnicas fueron aclamadas en todas partes, y su nombre empezó a aparecer en cajas de bombones, botellas de jugo, licores, jabones, vinos y ropa deportiva. Un famoso escultor presentó su busto en una gran exposición y no pocos artistas quisieron pintarlo.

Uridil comenzó su carrera jugando en algunos clubes menores y luego pasó al Rapid antes del estallido de la Primera Guerra Mundial. No cabe duda de que Uridil fue el primer verdadero representante del *Rapidgeist*. Su capacidad para marcar quedó registrada en las estadísticas más o menos seguras de la época, según las cuales hubo cerca de mil goles marcados por el Tanque a lo largo de su carrera. He aquí un testimonio de la época:

> "Existieron goleadores antes que él, pero ninguno poseía su increíble ímpetu y la irresistible fuerza que mostraba en el campo. Los que se atrevieron a interponerse en el camino de esa máquina de carreras fueron arrasados. Fueron atropellados, casi destruidos y sus componentes químicos se descompusieron. Sus rivales temblaron cuando el pequeño pero robusto Uridil lanzó uno de sus devastadores ataques. Estas acciones solían acabar con Uridil y tres o cuatro adversarios en el suelo, y el balón en la red".

Este era el Tanque, un gran goleador que podía ganar partidos para su equipo marcando goles prodigiosos. Una de sus jugadas más clásicas era la carrera en solitario desde su propio campo, que la mayoría de las veces culminaba con el balón entrando en la red.

A pesar de todo, Uridil demostró ser capaz de mantener los pies en el suelo. Todo el mundo lo consideraba un ciudadano honesto y un hombre del pueblo, que con el tiempo incluso se cansó de su reputación. En una entrevista dijo: "La gente puede hacer lo que quiera conmigo, pero lo único que no pueden hacer es decir que soy un mal futbolista". Jugó prácticamente toda su carrera en el Rapid —excepto un breve paso por el First Vienna— y terminó su carrera en 1928 antes de entrenar a varios clubes de Europa.

Aunque reacio, se alistó en la Wehrmacht durante la Segunda Guerra Mundial y en 1954 volvió al Rapid, esta vez como entrenador, ganando un título de liga. A diferencia de Sindelar, su fama se desvaneció casi por completo con el paso del tiempo, excepto en los suburbios vieneses. Sin embargo, es importante destacar que Uridil y Sindelar solo eran comparables en términos de popularidad. Friedrich Torberg, escritor y visitante frecuente de los cafés de Viena, dijo una vez:

> "En realidad, Uridil y Sindelar solo pueden compararse en términos de popularidad: en términos de técnica, creatividad y habilidad había la diferencia entre un tanque y una hostia".

V

Josef Bican fue uno de los talentos lanzados por el Hertha de Viena, con el que daría sus primeros pasos en el fútbol alrededor de los 12 años. Su padre, František, nacido en Sedlice u Blatné, una ciudad del sur de Bohemia, también había sido futbolista jugando por el mismo equipo. En 1922, cuando solo tenía 30 años, murió a consecuencia de una lesión sufrida en un partido contra el Rapid de Viena. El dinero era escaso y František no podía permitirse una operación tan costosa. Entonces Ludmilla, madre de Josef y de otros dos hijos, Frantisek y Vilém, quedó viuda. Durante algún tiempo Hertha de Viena se había ofrecido a apoyarla económicamente, pero luego la mujer fue abandonada a su suerte. Al no poder mantener a sus tres hijos, Ludmila dejó a Vilém en manos de sus abuelos paternos que vivían en Sedlice u Blatné. Hubo una segunda tragedia que afligió a la familia Bican: poco después de la muerte del padre, el hermano mayor de Josef, Frantisek, fue encontrado muerto. Según Vladimir Zápotocký, historiador del Slavia y antiguo comentarista del club, se había tratado de un suicidio.

Josef Bican recordó en varias ocasiones sus humildes comienzos y afirmó que el hecho de tener que jugar descalzo durante años porque no podía permitirse unas botas de fútbol le había ayudado a desarrollar su técnica.

Josef creció perfectamente bilingüe en checo y alemán: sus padres lo habían inscrito a él y a sus dos hermanos en la escuela Jan Amos Komensky —la misma a la que había asistido Matthias Sindelar unos años antes— en el barrio de Favoriten.

La casualidad quiso que su tío fuera amigo de Matthias Sindelar: los dos vivían en la misma calle, Quellenstrasse, y crecieron en el mismo barrio.

A los 15 años Bican fue contratado por la empresa Schustek, dedicada al negocio de la madera, y empezó a jugar en el equipo de la empresa. Tres años después, debido a un aumento de sueldo, Bican decidió aceptar una oferta de trabajo de otra empresa, la Farbenlutz, especializada en pintura y barnizado. Unos meses después la fortuna le sonrió por primera vez: fue descubierto por Roman Schramseis, un defensa del Rapid de Viena que antes había jugado en el Farbenlutz y que siempre que podía iba a ver jugar a

su antiguo equipo. Schramseis le ofreció unirse al SK Rapid y Bican, tras las reticencias iniciales, aceptó. Dyonis Schönecker, presidente del club, dio su visto bueno para que el jugador se integre en el equipo juvenil del Rapid.

Cuenta la leyenda que, tras un solo entrenamiento y un partido con el equipo juvenil, Bican ingresaba al equipo *amateur* del Rapid con un sueldo de 100 chelines al mes. Al cabo de tres meses, el jugador ascendió al equipo profesional, con el que marcó 52 goles en 49 partidos durante cuatro temporadas, a pesar de que consideraba que el estilo del Rapid no se adaptaba a él: se consideraba un jugador sofisticado y, como tal, habría deseado un traspaso al Austria de Viena, donde ya brillaba la estrella de Sindelar. Por cierto, ambos se enfrentaron por primera vez el mismo año en que Bican —que debutaba ese mismo día— se convirtió en jugador profesional. El Rapid se impuso por 5-3, con cuatro goles de Bican. El *Sport-Tagblatt* tituló: "El novato marca cuatro goles", y escribió que Bican había demostrado la capacidad de un veterano para manejar el balón y aprovechar cada situación. *Der Morgen* se expresó así: "Pocas veces se ha visto a un jugador debutar de esta manera. Es un futbolista de inmenso talento y cautela que, además de su perfecta técnica e inteligencia, posee una excepcional potencia de disparo".

Durante algunos años, Bican tendría como compañero de ataque a Matthias Kaburek, otro chico bohemio que creció en los suburbios de Viena y que un año antes de la llegada de Bican al Rapid había levantado la Copa Mitropa marcando un gol en la final de vuelta contra el Sparta de Praga.

Sin embargo, con el paso del tiempo, Bican se volvió cada vez más indisciplinado, señal de que su impaciencia con Rapid había aumentado. Llegó una oferta del Slavia de Praga, pero no se materializó debido a la resistencia del Rapid. Sin embargo, poco después, llegó una segunda oferta del Admira de Viena: su tío —que actuaba como agente en caso de necesidad— llevaba tiempo en contacto con el club de Jedlesee, en aquel momento el más fuerte de la capital. Bican decidió cambiar de aires, a pesar de que el Rapid le había ofrecido un aumento considerable —algo poco habitual en la política del club— y a pesar de que no podría jugar ningún partido en lo que quedaba de temporada, ya que su contrato con el Rapid seguía vigente.

Durante su estancia en el Admira de Viena —con el que ganó su segundo campeonato y marcó 18 goles en dos temporadas—,

Bican volvió a ser pretendido por el Slavia de Praga, que le ofreció 600 chelines al mes, una cifra impresionante si se tiene en cuenta que el salario medio de un trabajador en aquella época era de 18 chelines.

Bican decidió volver a cambiar de club, pero el problema seguía siendo el mismo: ¿cómo resolver el problema del contrato? Esta vez la suspensión duraría cuatro años, pero gracias a un abogado del Slavia que fue personalmente a Viena, la situación se resolvió. El Slavia pagó una importante suma de dinero al club y consiguió recuperar el pasaporte del jugador, que había sido confiscado entretanto. El jugador regresó a su querido Sedlice u Blatné, el pueblo natal de su padre, donde Josef solía pasar el verano con sus abuelos todos los años cuando era niño.

En el Slavia, Bican continuaría la memorable carrera que había emprendido en Austria, ganando la Copa Mitropa en 1938, seis títulos nacionales al año siguiente de su llegada a Praga y convirtiéndose en el máximo goleador de la liga en diez ocasiones durante su carrera checoslovaca. Su carrera se dividió entre el Slavia de Praga, el Sokol Vikovicke Zelezarny —un equipo de segunda división que ahora se llama FC Vitkovice—, el Spartak Hradec Kralove y de nuevo el Slavia, que entretanto había cambiado su nombre por el de DSO Dynamo Praha a instancias del Komunistická Strana Československa, el partido comunista checoslovaco.

Sin embargo, al haber cambiado de nacionalidad, Bican no pudo participar en la Copa del Mundo de 1938, ya que el proceso burocrático para obtener un pasaporte checoslovaco se alargó más de lo previsto y terminó aproximadamente un mes después de la finalización del Mundial. Bican debutó con su nueva selección el 7 de agosto dc 1938, marcando tres goles.

Un año más tarde se enfrentó a la Alemania nazi en un amistoso, la misma selección a la que Bican se había negado a unirse solo un año antes, defendiendo los colores del recién creado Protectorado de Bohemia y Moravia. El partido terminó 4-4 y Bican marcó un triplete. En el bando contrario también un jugador marcaría tres goles, Franz Binder, antiguo delantero de la selección austriaca al que Bican conocía bien de sus tiempos en el Rapid.

Al final de la Segunda Guerra Mundial Bican recibió varias ofertas de Italia, pero nunca las aceptó: odiaba a los nazis tanto como a los comunistas, y estaba convencido de que el partido comunista llegaría al poder en Italia. Por desgracia, sería la propia Checo-

slovaquia la que caería bajo la influencia soviética unos años más tarde. Bican, cuyas represalias contra los comunistas eran notorias, se convirtió en un enemigo jurado del régimen. Su mujer contaba cómo la pareja era espiada sin descanso, pero gracias a la fama y reputación del futbolista, su protección estaba garantizada.

Al final de su carrera, Bican también entrenó a varios equipos checoslovacos, entre ellos el Slavia, y murió de un ataque al corazón en diciembre de 2001 en un hospital de Praga. Cuatro años antes la IFFHS –Federación Internacional de Historia y Estadística del Fútbol– le había concedido el premio como mejor goleador del siglo, título que ganó en convivencia con Uwe Seeler y Pelé. Cuando se le preguntó por qué nacían menos talentos que en sus años dorados, Bican respondió: "Por qué nacían tantos talentos... bueno, no había comida después de la guerra, los niños éramos pobres. En aquella época, nunca vi a los niños andar en ciclomotor".

VI

El impacto de los jugadores bohemios en los resultados de la selección austriaca continuó en los años posteriores a la guerra, a pesar de que la era del *Wunderteam* había terminado. El único vínculo con la época anterior a la guerra era Walter Nausch, que había asumido el cargo de entrenador de su propia selección tras su llegada a Suiza y la dirigió durante el Mundial de 1954. Nausch y su equipo terminaron en tercer lugar, superando el cuarto puesto logrado por Meisl 20 años antes. Aunque la reputación de la selección austriaca como potencia futbolística se había desvanecido un poco en 1954, había quienes consideraban a los hombres de Nausch como uno de los favoritos para la Copa del Mundo, por detrás, claro está, del defensor del título, Uruguay, y del Aranycsapat, el equipo húngaro que, como los austriacos o más, había vivido una segunda juventud tras la Segunda Guerra Mundial.

Nausch contó con dos jugadores de origen bohemio, uno de los cuales era el portero Walter Zeman, apodado la Pantera, sobrenombre que se había ganado tras una magnífica actuación contra la selección escocesa el 13 de diciembre de 1950. En aquella ocasión, Zeman consiguió mantener indemne la portería austriaca a pesar del asedio de los escoceses, que ni siquiera lograron el empate. Sin embargo, en la jerarquía de su entrenador, Zeman comenzaría como reserva de Kurt Schmied, el guardameta del First Vienna. Zeman sería titular en la semifinal contra Alemania después de que Schmied sufriera un infarto en el partido de cuartos de final contra Suiza. Pero la actuación de Zeman –que por aquel entonces defendía los puestos del Rapid, club con el que ganaría ocho títulos nacionales, una Copa de Austria y la única Copa Zentropa de 1951— no estuvo a la altura de su apodo y dio la razón a las decisiones iniciales de Nausch: encajó seis goles y en varias situaciones no estuvo impecable, por ejemplo en la ocasión del primer y segundo gol de los alemanes, no mostrando suficiente capacidad de reacción.

Y luego estaba Ernst "Stoissi" Stojaspal, uno de los mejores goleadores austriacos de la posguerra, famoso por su habilidad para ejecutar regates ajustados a pesar de su voluminosa constitución y el uso exclusivo de su pie izquierdo. A este respecto, Emanuel Schwarz, su presidente en el Austria Viena, dijo en una ocasión: "Tenemos un jugador que dispara con un pie, pero sigue siendo nuestro mejor goleador". Stojaspal ganó tres títulos nacionales y dos copas con el Austria de Viena y fue el máximo goleador de la liga en cinco ocasiones. Stojaspal puso fin a su carrera en Francia y, tras colgar los botines, abrió el café de Vienne en Montecarlo, un café al más puro estilo vienés que, sin embargo, como dijo su esposa Yvonne en una entrevista, le resultaba difícil de gestionar, ya que su francés no había mejorado con los años.

Ernst Ocwirk —nacido Ernst Ocvirk— no era de origen bohemio, pero su historia no es diferente a la de los compañeros mencionados. Alois, su padre, era de origen yugoslavo pero, al igual que Zeman y Stojaspal, también había crecido en los círculos de Ziegelböhmen. Ocwirk, apodado Ossi, creció en el barrio de Floridsdorf y pronto se convirtió en un apasionado del Admira Viena, el equipo que dominaba el fútbol austriaco en aquella época.

En su libro *Weltbummel. Vom Ballschani Zum Kapitän des Kontinent-Teams* (1956), el jugador cuenta que se enamoró de la camiseta de los Jedleseers desde el principio. Sin embargo, Ocwirk nunca tuvo la oportunidad de vestir la camiseta a rayas blancas y negras del Admira: en el Stadlau, donde el jugador comenzó su carrera, el excentrocampista del *Wunderteam*, Josef Smistik se fijó en él y lo convirtió en centrocampista —solía jugar en una posición más avanzada— e intentó llevarlo a su antiguo club, el Rapid, pero el Austria Viena demostró ser más astuto y contrató al joven talento.

Más tarde, en 1971, cuando el Admira se fusionó con el Wacker Wien, tuvo la oportunidad de entrenar al equipo que había apoyado de niño. En el ámbito de la selección nacional, había sido el núcleo de la selección austriaca que participó en el Mundial de Suiza. El periodista Norbert Adam lo retrató en su libro *Österreichs Sportidole*:

"Su elegante estilo de juego, sus precisos pases de cuarenta metros, su ecuanimidad le convertían en un ejemplo; era un atleta y un caballero al mismo tiempo. Era un hombre sencillo que aportó nobleza al juego del fútbol".

En una entrevista concedida a la revista *Ballesterer* a finales de 2013 en el estadio Gerhard Hanappi, Alfred Körner y Theodor Wagner, dos de los supervivientes de la expedición del Mundial de 1954, respondieron a algunas preguntas sobre su antiguo capitán. Una de estas preguntas era por qué el liderazgo de Ocwirk era indiscutible y por qué de todas las estrellas que jugaban en la selección austriaca en aquellos años, Ocwirk era elegido capitán. La respuesta de Wagner fue especialmente interesante:

"Sabía mantenerse en el campo como pocos. Nunca hubo un momento en el que tuvieras que atraparlo. Las veces que tuvo la sensación de jugar mal, fue el final. Siempre fue hipercrítico consigo mismo y siempre se cuestionó. Aunque siempre intentaba alcanzar grandes éxitos, era el primero en señalar sus propios errores. Era un perfeccionista. Una vez, después de que se convirtiera en el entrenador del Admira, fui a una sesión de entrenamiento: tanto técnica como tácticamente, estaba por encima del resto".

Durante la Segunda Guerra Mundial, Ocwirk, al igual que muchos otros chicos cuyos orígenes no se encontraban en Austria, había tenido una suerte relativa: aunque los nazis eran abiertamente contrarios a la esclavitud, muchos de los hijos de inmigrantes de origen extranjero conservaban su nacionalidad original porque no habían obtenido pasaportes austriacos en los años previos al conflicto. Por esta razón, eran apátridas y, como tales, no podían ser convocados al frente. Tras dejar el Austria Viena en 1956, Ocwirk fichó por la Sampdoria, convirtiéndose en el primer jugador austriaco de la historia del club, y al final de su carrera también se sentó en el banquillo del mismo club. En 1982 la ciudad de Viena puso su nombre a una de sus calles, la Ocwirkgasse, con lo cual homenajeaba a uno de sus hijos más ilustres.

CAPÍTULO 4

LAS CUATRO HERMANAS VIENESAS: CUATRO CARAS DE LA MISMA CIUDAD

"Entre 1924 y 1938, años que marcaron la transición al fútbol profesional y el retorno al fútbol amateur, respectivamente, el panorama futbolístico austriaco —o vienés— habría sido el más rico de Europa Central. Cuatro equipos se turnarían para dominar y ganar la liga. Estaba el First Vienna, el equipo del barón Rotschild, el Rapid Viena, que enseguida adquirió una identidad proletaria, el Austria Viena, que representaba mejor que ningún otro club la metrópolis y el espíritu burgués del centro de la ciudad, y el Admira, otro equipo nacido y criado en los suburbios vieneses. En realidad, fueron cinco los equipos que ganaron el campeonato austriaco durante su primera fase profesional, pero uno de ellos, el Hakoah de Viena, una de las páginas parcialmente olvidadas del fútbol de aquellos años, pronto se redujo. Era un club muy peculiar: formaba parte de un club polideportivo sionista que solo admitía futbolistas judíos en sus filas y que se fundó con un objetivo social e identitario muy concreto: desmentir el falso mito antisemita de que el judío no es apto para el deporte. En los años previos a 1924, el club había logrado el cuarto puesto en la temporada 1920-1921, el año después del ascenso a la primera división, y el segundo puesto al final de la temporada siguiente. Pero el éxito llegó en la temporada 1924-1925: en los años anteriores, el equipo, ya considerado uno de los mejores de la capital, se había beneficiado de la llegada de importantes jugadores de la vecina Hungría. Llegaron el portero Alexander Fabian —que marcó el gol decisivo tras intercambiar su posición con un compañero lesionado—, Sandor Nemes, Josef Eisenhoffer, Erno Schwarz y, sobre todo, Bela Guttmann, que años más tarde se con-

vertiría en uno de los entrenadores más exitosos de la historia del fútbol. Cuando Hakoah Viena jugaba fuera, los epítetos antisemitas estaban a la orden del día. Para muchos aficionados, enfrentarse a Hakoah significaba enfrentarse a 'los judíos'. Sin embargo, en el verano siguiente a la obtención del campeonato, el Hakoah se retiró de la competición por el título: muchos de sus jugadores no habían regresado de una gira para recaudar fondos para las actividades del club. Su fama hizo que los principales clubes estadounidenses, los New York Giants y los Brooklyn Wanderers, se interesaran por ellos y les ofrecieran contratos con los que solo podían soñar en Austria. A partir de entonces, la competición por el título de mejor equipo austriaco sería una carrera a cuatro bandas".

I

El First Vienna 1894, como su nombre indica, es el club más antiguo de la capital. Se fundó el 22 de agosto de 1894, y ese mismo día William Beale, uno de los cofundadores, diseñó el logotipo, que representaba tres patas enmarcando una pelota. Los colores del club, azul y amarillo, recordaban el linaje del barón Rotschild, padrino del club.

Junto con algunos jugadores de críquet, otros hombres al servicio del barón Rotschild comenzaron a jugar al fútbol en los jardines cercanos a donde trabajaban. James Black, uno de los jardineros del barón, fue el encargado de explicar las reglas del juego a los primeros miembros del equipo. Él y Franz Joli, hijo de otro jardinero, organizaron el primer partido de fútbol: cuatro austriacos contra cuatro ingleses en uno de los céspedes del barón Nathaniel Mayer Anselm Rotschild.

A raíz de este partido y de las condiciones del terreno resultantes, el barón prohibió el fútbol en su propiedad, pero se ofreció a financiar el club. Pagó el alquiler de un campo de fútbol, el Kuglerwiese, y se hizo cargo de los costes del equipamiento deportivo. En ese momento nació oficialmente el First Vienna.

El club de Döbling, el barrio donde se encontraba la residencia del barón, presentó sus estatutos unos días antes que el Primer Club de Críquet y Fútbol de Viena, por lo que ganó la disputa y el club se fundó oficialmente en agosto de 1894. La solicitud del Club sería aceptada hasta un día después, por lo que tuvo que renunciar al término *first* para su nombre corporativo. Este fue el comienzo de una disputa que adquiriría un significado más que deportivo por décadas.

El primer partido entre los dos equipos ocurrió el 15 de noviembre de ese año en el Kuglerwiese, y el Club de Críquet y Fútbol de Viena, que a diferencia del First Vienna, solo contaba con jugadores ingleses, triunfó por 4-0. Dos semanas más tarde se jugó el partido de vuelta en el campo de Cricketern —como se llamaba comúnmente a los jugadores del Club— que terminó con el mismo resultado. Sin embargo, un año más tarde sería el First Vienna quien ganaría el derbi, el primero de la historia, con el ya canónico resultado de 4-0.

En los primeros años tras la llegada del fútbol a Austria, el First Vienna se erigió como uno de los mejores equipos de la ciudad: en la primera edición de la Challenge Cup perdió en semifinales ante su rival de toda la vida, el Cricketern, por 3-2 al final de un desafortunado partido. Tras ir perdiendo por un gol en la propia puerta del defensa Mollisch, marcó un gol con Nicholson cuando el marcador era de 2-3, pero no fue validado debido a que el árbitro no estaba seguro de si el balón había entrado realmente. La siguiente edición fue más favorable: primero, el Viena superó al Cricketern en las semifinales y, en la final, al Viktoria por 4-1. Fue el primer título en la historia del club. La segunda llegaría exactamente un año después: en la Copa Challenge, celebrada entre 1899 y 1890, el First Vienna venció al FC 98 por 3-1 en la semifinal y al Cricketern por 2-0 en la final.

Sin embargo, hay que señalar que, aunque la competición estaba abierta a todos los clubes que jugaban bajo la monarquía de los Habsburgo, en las tres primeras ediciones solo participaron equipos de Viena.

Entre 1900 y 1903, también se celebró en Austria otra competición, la Tagblatt Pokal (Copa Tagblatt), la primera con formato *de* liga. En comparación con la Challenge Cup, solo admitía equipos de la capital austriaca. Mientras que la Challenge Cup puede considerarse precursora de la Copa Mitropa —y más tarde también de la Liga de Campeones—, la Tagblatt Pokal fue la predecesora de la liga austriaca. First Vienna ganaría la tercera edición, al haber sumado el mayor número de puntos de los cuatro competidores. Sin embargo, la competición solo duraría cuatro años, ya que muchos equipos abandonaron la federación. Además, debido a la oscuridad, a menudo se suspendían los partidos y el tiempo restante se jugaba varios días después.

En aquellos años, los equipos unidos bajo la corona de los Habsburgo también se enfrentaban en partidos amistosos. Un punto culminante fue la victoria sobre el DFC Prag en un partido organizado con motivo de la inauguración del nuevo campo de deportes del First Vienna. El DFC Prag, que llevaba dos años invicto, llegó a Viena afir-

mando que no quería ganar por más de 4-0, para no aguar la fiesta a los anfitriones. En respuesta, el Gialloblù marcó dos goles y el partido terminó con un 2-0, gracias a los goles de Eipel y Gindl, dos de los jugadores clave en las victorias de la Challenge Cup. En la ciudad, este resultado también fue celebrado por los vecinos del Cricketern. A finales de ese año y principios del siguiente, el First Vienna, ahora formado exclusivamente por jugadores vieneses, se impuso por orden al Slavia de Praga, al Grazer, al Wiener FC 1898 y al Wiener AC.

El año en que se inauguró la liga austriaca, el First Vienna concluyó en sexto lugar en la tabla de posiciones, y la temporada siguiente terminaría octavo. En la temporada 1913-1914, el club descendió al último puesto. Entre otras cosas, la dirección del club se metió un flagrante autogol: había defendido la supresión de los *play-offs*, que podrían haber sido una tabla de salvación para permanecer en la máxima categoría esa temporada, pero descendió en la división.

Los Döblinger decidieron fundar una liga paralela, la FUAN (Unión de Fútbol de Naciones Austriacas), pero solo duró dos años. Curiosamente, uno de los equipos que se había unido a la FUAN era el SC Nicholson, que rivalizaría con el First Vienna más adelante. El SC Nicholson fue fundado por Magnus Douglas Nicholson, el primer presidente de la ÖFU, que no era otro que el antiguo jugador del First Vienna al que, solo unos años antes, le habían anulado un gol en la final de la Challenge Cup.

En 1916, el First Viena se reintegró en la ÖFV y en la temporada 1918-1919 regresó a la máxima categoría. El año anterior a que la liga se convirtiera en profesional, el equipo quedó en segundo lugar detrás del Wiener Amateur Sportverein, nuevo nombre del Club de Críquet y Fútbol de Viena, con el cual se había disputado el reconocimiento del nombre desde su creación.

Los Döblingers ya eran una parte consolidada del panorama futbolístico austriaco y la temporada siguiente terminaron terceros. No es casualidad que Hugo Meisl empezara a convocar con más frecuencia a jugadores del First Vienna en el *Wunderteam*, como el defensa Josef Blum, los centrocampistas Gustav Chrenka y Karl Kurz, además de los delanteros Rudolf Seidl y Fritz Gschweidl. Este último sería el principal rival de Matthias Sindelar por la titularidad en el puesto de delantero centro durante varios años.

El primer éxito del club desde que la liga se hizo profesional llegó en 1929 con una victoria en la Copa de Austria contra el Rapid de Viena, seguida de una segunda victoria al año siguiente. El primer éxito liguero del club llegó al final de la temporada 1930-1931, con una victoria por 4-1 sobre el Austria de Viena. Como resultado de este triunfo, el club se clasificó para la Copa Mitropa.

La confirmación de la madurez del equipo llegó en la que entonces era la máxima competición de clubes: el First Vienna ganó la primera y última Copa Mitropa de su historia tras vencer al Bocksai FC Debrecen, al Roma y al Wiener AC, que fue derrotado en una doble final de carácter austriaco. El hecho de que la final se disputara entre dos equipos austriacos —y que el campeón defensor fuera otro equipo austriaco, el SK Rapid— daba cuenta de la importancia del fútbol vienés en esa etapa. El Wiener AC, aunque no triunfaría en ninguna edición del campeonato en aquellos años, contaba con miembros actuales y futuros del *Wunderteam* como Hiden, Sesta y Cisar, que jugó aquella final como delantero para ser relegado a la defensa unos años después en el Mundial. Al año siguiente, el club estuvo a punto de alcanzar el éxito europeo una vez más, pero el Bologna de Angelo Schiavio ganó ese título. El ciclo continuó y, confirmando el trabajo realizado en los años anteriores, el First Vienna ganó un segundo título nacional en la temporada 1932-1933. Los años siguientes fueron dominados por otro club de la capital, el Admira, pero aun así el First Vienna ganó una Copa de Austria en la temporada 1936-1937.

Hasta 1938, el First Vienna tenía una amplia representación judía en sus filas directivas. El primer presidente fue Georg Fuchs, que sería sustituido por el comerciante de vinos Herman Schönaug. Hasta la llegada del nacionalsocialismo, solo se habían sucedido dos presidentes no judíos al frente del club. Pero a partir de marzo de 1938, las cosas cambiaron radicalmente. Además, en 1940 el club se vio obligado a adoptar el nombre germánico de Fussballklub Wien.

La verdadera edad de oro del First Vienna coincidió con el periodo de entreguerras, cuando Austria se había convertido en Ostmark y el ganador de la liga austriaca —la Gauliga Ostmark, como se rebautizó la liga austriaca— participaba en la liga alemana y en la Copa de Alemania, dos competiciones eliminatorias.

Entre 1942 y 1944, el First Vienna ganó la liga tres veces consecutivas. En 1942 llegaría a la final de la liga alemana, pero fueron derrotados por el Schalke 04 (2-0), con lo que no pudieron repetir la hazaña de un año antes realizada por el Rapid. Sin embargo, el éxito en la Copa de Alemania llegó en 1943 con una victoria por 3-2 sobre el LSV Hamburgo.

Una de las figuras claves del éxito del First Vienna fue sin duda Fritz Gschweidl: después de ganar dos títulos nacionales y tres Copas de Austria como jugador, ganaría otros tres campeonatos y una Copa de Alemania como entrenador. Los éxitos del First Vienna durante los años de guerra se debieron en parte a la influencia que sus directivos tenían en el ejército, lo que permitió al club mantener a varios de sus jugadores cerca de la ciudad y hacer que ocuparan posiciones que los mantuvieran a salvo de enfrentamientos o lesiones.

La historia de Curt Reinisch, director de personal de la administración sanitaria militar del First Vienna, es interesante. Gracias a su cargo, Reinisch consiguió que los jugadores del First Vienna pudieran clasificarse como taquígrafos, enfermeros o asistentes del personal médico para permanecer en la zona de Viena. También actuó como garante de otros equipos, como el Austria de Viena, que en los años anteriores había sido uno de los clubes más acosados por las intervenciones del régimen nacionalsocialista. Reinisch se vio a menudo en la tesitura de poder conceder a los jugadores permisos de permanencia en los hospitales más largos, sin entorpecer su presencia en el terreno de juego. Fue investigado en 1944 y posteriormente liberado por falta de pruebas.

En una ocasión, Reinisch recibió una misiva anónima que decía:

"Es fácil identificar, sobre todo en el caso del First Vienna, a los jugadores que intentan ignorar sus misiones como soldados de la patria (...). En Viena han circulado rumores sobre esta injusticia y este engaño. Durante muchos años, hemos sido testigos de ciudadanos atrapados en la Gran Guerra: los padres y los padres de los padres son llamados al frente mientras que los chicos tan sanos se quedan en los suburbios: ¿quién va ahora a luchar? El propio entrenador Fritz Gschweidl nunca fue convocado".

Sin embargo, Reinisch consiguió encubrir el asunto. Los años posteriores al final de la Segunda Guerra Mundial verían cómo otros clubes dominaban el panorama de la liga austriaca, sobre todo el Rapid y el Austria de Viena. El First Vienna volvería a triunfar en la temporada 1954-1955, la siguiente al Mundial de 1954.

II

El Sportklub Rapid –más conocido como SK Rapid o Rapid de Viena– se fundó en 1897 en el barrio vienés de Schmelz, a un kilómetro aproximadamente de donde se encuentra el Gerhard Hanappi, el actual estadio del club. La misión del club desde el principio fue "involucrar a los entusiastas del deporte de la clase trabajadora en el juego del fútbol". De hecho, pocos después de su fundación, el club empezó a jugar en la Hütteldorferstrasse, razón por la cual los jugadores y los seguidores del Rapid recibieron desde el principio el apodo de *Hütteldorfers*.

El club se fundó con el nombre de Erster Wiener Arbeiter Fußball-Club, el primer club de fútbol obrero vienés, pero tuvo que cambiar su nombre dos años después de su fundación por el de Sporklub Rapid debido a la preocupación que el club despertaba entre las autoridades, dada su popularidad entre las clases trabajadoras, que entretanto también empezaban a estar representadas políticamente. Sin embargo, la connotación proletaria y obrera acompañaría al club verdiblanco en las décadas siguientes.

Desde finales del siglo XIX comenzaba a formarse una cultura urbana y proletaria en los alrededores, y muchos de sus miembros adoptaron el Rapid como su equipo. No muy lejos del campo del Rapid nació también la primera cooperativa y orquesta de trabajadores vieneses, uno de esos pasatiempos que poco tiempo antes estaban reservados a la aristocracia y las clases acomodadas. Fue en los suburbios donde floreció el deporte *amateur*, alimentado principalmente por los partidos de fútbol. Pronto, los jugadores del Rapid se convertirían en héroes locales. La mayoría de ellos eran hijos de emigrantes económicos que habían llegado a la entonces capital del imperio de los Habsburgo en busca de una vida mejor y que, a través del fútbol, encontrarían un medio de redención social.

Las principales regiones de las que procedían la mayoría de los jugadores del Rapid eran el Reino de Bohemia y el Margraviato de Moravia. Muchas de estas familias fijaron su residencia en el distrito de Schmelz, como la familia Schedivy, que dio a luz a los futuros socios del club Josef, Karl y Alois Schedivy, y la familia Uridil, que dio a luz a Josef Uridil. Varios líderes compartieron los mismos orígenes, como Karl Kochmann y Johann Holub.

Alrededor de 1900, la inmigración procedente de Bohemia y Moravia también comenzó a poblar otros suburbios, como Ottakring, Rudolfsheim y Fünfhaus. Los flujos migratorios que contribuyeron a poblar los suburbios no solo beneficiaron al Rapid, por supuesto: se fundaron equipos por parte de inmigrantes, como el Videnske Slavie.

La dura vida en los suburbios, así como la historia personal de los jugadores, crearon un fuerte sentimiento de equipo y de grupo, el espíritu que todavía se llama *Rapidgeist*, una mezcla de pasión, apego a los orígenes y afiliación al club. Había que estar orgulloso de ser un *Hütteldorfer*.

Hans Krankl, el prolífico delantero del Rapid en las décadas de 1970 y 1980, dijo una vez: "Un verdadero jugador del Rapid debe saber absorber el espíritu del club". Y en 1927, un artículo publicado en el *Illustriertes Sportblatt* decía del Rapid:

> "A lo largo de su historia, apenas han decepcionado a sus seguidores. Nunca se rinden hasta el pitido final. El Rapid tiene sus raíces en los suburbios locales y nunca ha renegado de su territorio".

Entre bastidores, la figura clave era Dyonis Schönecker, el hombre que sería llamado el padre del *Rapidgeist* y la mente del club. Sin embargo, no todo el mundo lo quería: para Schönecker, no había distinción entre los jugadores. Esto significaba que los deportistas de más talento no lo tenían fácil para exigir unos salarios acordes con su reputación, incluso cuando el fútbol se convirtió en profesional. Ser un *Hütteldorfer* era una creencia, que también se refleja en la forma en que los aficionados del Rapid se refieren hoy a su estadio Gerhard Hanappi, al que muchos se refieren como Sankt Hanappi.

Desde sus primeros años hasta la actualidad, el club ha mantenido su tradicional uniforme verde y blanco, aunque con el paso del tiempo la combinación de colores ha cambiado: durante la década de 1920, las rayas verdes se alternaban horizontalmente con las blancas, mientras que en la siguiente década la camiseta cambió radicalmente: se diseñó un uniforme verde oscuro con una banda blanca horizontal en el centro. Sin embargo, en la posguerra, las rayas verdes y blancas volvieron a alternarse, pero en sentido vertical.

En 1910 el club, que había sufrido graves problemas financieros, dio un giro decisivo. Dyonis Schönecker se convirtió en gerente tras unos años como jugador en el Rapid. En aquella época, además de las dificultades financieras, el club había caído en el olvido: el primer terreno de Rudolfsheim había sido abandonado y varios jugadores y directivos habían hecho las maletas y dejado que el barco se hundiera.

El joven Schönecker, con la ayuda de uno de los jugadores más representativos del club en aquella época, Josef Schedivy, decidió empezar desde abajo, es decir, desde el equipo juvenil del SK Rapid, que entretanto exhibía a jóvenes promesas como Josef "Seppi" Brandstätter y Richard "Rigo" Kuthan, cuya hermana Emilie se casaría con Schönecker.

Aquel equipo jugaba de forma muy diferente al estilo que había caracterizado inicialmente al Rapid: balón al suelo e intercambios rápidos, con jugadores jóvenes que parecían estar imbuidos de la *Rapidgeist* desde el principio.

Gracias al trabajo de Schönecker, el Rapid volvió a dominar el fútbol vienés durante los diez años siguientes, entre 1911 y 1923. Fue en 1911 cuando el club ganó su primer campeonato en Austria, gracias en gran parte al letal trío atacante formado por Gustav Blaha, Leopold Grundwald y Heinrich Körner. Los dos primeros serían convocados por Jimmy Hogan para los Juegos Olímpicos del año siguiente.

En la época *amateur*, el club verdiblanco se convertiría en el equipo más exitoso del país, con ocho títulos ganados. No es casualidad que cuando la selección nacional austriaca jugó su primer partido desde el final de la Gran Guerra en 1919, Meisl alineara a 9 de los 11 jugadores del Rapid. Algunos de los nombres más recurrentes que el Rapid cedió a la selección en aquellos años fueron el pequeño pero robusto defensa Vinzenz "Gigerl" Dittrich, los mediocampistas Leopold Nitsch y Josef "Seppi" Brandstätter, además de los atacantes Gustav Wieser, Karl Wondrak, Richard Kuthan y Josef Uridil.

Para Schönecker, todo dependía de convertir al Rapid en el equipo más fuerte de Europa, objetivo que lograría en 1930 con la victoria en la Copa Mitropa. De hecho, Schönecker ya había estado a punto de ganar la máxima competición de la época tres años antes, en la primera edición celebrada, pero en aquella ocasión una derrota por 6-2 ante el Sparta en la ida de la final fue fatal. La victoria por 2-1 en Viena a la semana siguiente no sería suficiente.

En 1930 el camino del Rapid hacia el título transcurrió sin sobresaltos hasta la final: en cuartos de final, había demolido al Génova

–que entonces se llamaba Genoa 1893 Circolo di Calcio– con un contundente 6-1 en casa en el partido de vuelta, y en semifinales corrió la misma suerte el Ferencvaros, que fue derrotado por 5-1 en Viena. La final era una posible revancha de la edición de 1927, ya que los verdiblancos volverían a enfrentarse al Sparta de Praga, entrenado por el escocés John Dick. En esta ocasión, el factor decisivo fue el partido de ida, que se jugó a domicilio y terminó 2-0 a favor del equipo vienés, que, a pesar de la derrota 3-2 en la vuelta en casa, levantó el título.

Los buenos resultados europeos del Rapid durante ese periodo no fueron una casualidad: a algunos pilares importantes que habían contribuido a los éxitos previos se unieron figuras como Karl Rappan, centrocampista y futuro entrenador de la selección suiza, Josef Smistik, que para todos representaba el centrocampista central ideal para ser utilizado en la famosa pirámide, el 2-3-5, gracias a su capacidad para recuperar balones y poner en marcha la acción, y los prolíficos delanteros Matthias Kaburek y Franz Weselik.

Los méritos de Schönecker también fueron inmensos desde el punto de vista económico: decidió construir el Pfarrwiese, el primer estadio del club, en 1912, y pudo ampliar el número de aficionados al atraer a las clases más acomodadas, como médicos, artistas y empresarios. Unos años más tarde, las finanzas del club se restablecieron y la capacidad del estadio aumentó a 25 000 asientos. Murió en 1938 y fue enterrado en el cementerio de Baumgarten. Una calle, la Schöneckerstrasse, lleva su nombre en las inmediaciones del actual Gerhard Hanappi Stadion, y una estatua dedicada a él se encuentra justo fuera del estadio. Su lema siempre había sido: "¡Los que se mantienen unidos ganan!".

En 1999, el club decidió hacer una encuesta entre sus aficionados para elegir la mejor alineación del Rapid de todos los tiempos. Además de Josef Uridil, el Tanque, el delantero centro que más había contribuido al éxito del club en la época *amateur*, la alineación incluía a Franz Binder, apodado Bimbo por su parecido con un actor de cine de la época, sigue siendo considerado uno de los mejores jugadores austriacos de todos los tiemposLlegó al Rapid procedente del Sturm 19 de St. Pölten y desde entonces ya no abandonaría el club verdiblanco. Cuenta la leyenda que Binder era capaz de atravesar las redes del adversario gracias a su extraordinaria potencia de tiro.

La historia del equipo verdiblanco de entreguerras está fuertemente ligada a su figura: gracias a las hazañas de Binder, el Rapid ganó cuatro veces el campeonato austriaco y una vez la Copa de Austria. También triunfó en 1938, el año del *Anschluss*, y en 1939 ganó la Tschammerpokal, la entonces Copa de Alemania que llevaba el nombre del ministro de deportes Tschammer Und Osten. También fue el principal artífice de la victoria del Rapid en la legendaria final del campeonato alemán de entreguerras de 1941, al marcar tres goles contra el Schalke 04 y contribuir en gran medida al 4-3 final. De vuelta a Viena, los jugadores del Rapid fueron recibidos por el alcalde y el SA-Gruppenführer Neubar en el ayuntamiento de la capital. La fiesta de Rapid fue increíble, a pesar de que la guerra estaba en pleno apogeo. Así, el Rapid fue el único equipo austriaco que triunfó en todas las competiciones importantes organizadas por el Reich, y como ganador del campeonato alemán en 1941 se le concedió temporalmente la Victoria, una copa que la DFB (Deutscher Fußball-Bund-Federación Alemana de Fútbol) entregaba a los ganadores del campeonato alemán desde 1903 hasta 1944. El trofeo recibió el nombre de Victoria en honor a la diosa romana cuya figura estaba representada en la copa. Durante la Segunda Guerra Mundial, debido a los disturbios en Viena, la copa cayó en manos de un berlinés que la escondió en su sótano bajo un montón de carbón. Por ello, a partir de 1949 se creó la Meisterschale —el trofeo actual— con todos los nombres de los ganadores anteriores. Durante 45 años se pensó que la Victoria se había perdido, pero fue devuelta a la DFB tras la caída del Muro de Berlín.

El Rapid fue el único equipo no radicado en la República Federal de Alemania que ganó la Victoria. El público tenía la sensación de que la final, disputada en el Estadio Olímpico de Berlín, debería haber terminado de otra manera. O mejor dicho, tanto en Viena como en Alemania se rumoreaba que los dirigentes del Reich no veían con buenos ojos que un equipo austriaco ganara el campeonato alemán. Hay dos fotos de jugadores del Rapid en la banda al comienzo del partido, saludando a los aficionados en las gradas. En una, los jugadores austriacos muestran el saludo nazi, en la otra no. Al final de la guerra, cuando se volvió a hablar de los acontecimientos deportivos de aquella época, la foto de los jugadores del Rapid mostrando el saludo nazi se ocultó regularmente. El club pretendió distanciarse de su pasado reciente, aunque hoy ambas fotos están a disposición del público en el Rapideum, el museo del Rapid. Unos años antes, en 1938, no había sido así: el Rapid, al igual que otros clubes de la capital, había decidido cumplir y llegar a un acuerdo con el nuevo gobierno reivindicando una identidad nacionalsocialista, aunque de hecho el club nunca había estado vinculado a un partido. Sin embargo, el hecho de que empezara como club obrero vienés facilitó las cosas en este sentido: muchos de sus seguido-

res habían nacido y criado en los suburbios, que seguían siendo la cuenca en la que los movimientos obreros reunían la mayor parte de sus apoyos.

En el *Altreich*, el término utilizado para designar a Alemania antes de 1938, el Rapid era considerado el equipo vienés más temible y, a partir de ese año, Franz Binder y otros jugadores del club vistieron la camiseta alemana en algunas ocasiones, aunque no todos participaron en el Mundial de 1938. Muchos, como Skoumal, Pesser y el propio Binder, por nombrar a los más conocidos, fueron llamados a filas en la Wehrmacht.

Franz Binder también fue un eslabón importante para el club entre los años de pre y posguerra: fue el entrenador de los verdiblancos de 1946 a 1951 y de 1962 a 1966, y condujo al Rapid a otros tres títulos nacionales. Más tarde volvería al banquillo del club en 1976 junto a Robert Körner, ganando la Copa de Austria.

Una anécdota curiosa relacionada con Franz Binder fue el fichaje de una de las futuras estrellas del equipo, Gerhard Hanappi, un defensa con facilidad para marcar goles procedente del Wacker de Viena. Hanappi anhelaba jugar en el Rapid, pero su club no le dejaba salir. Ahí es donde entró Binder, que raptó al jugador y lo llevó al Rapid. Debido a la ilegalidad de este traspaso, Hanappi no pudo vestir la camiseta del Rapid durante seis meses. Después se convertiría en una leyenda del club y de la selección austriaca, con la que quedó tercero en el Mundial de 1954.

III

El Austria de Viena es uno de los dos equipos más importantes de la capital —el otro, como se ha mencionado, es el First Vienna—, cuyas raíces se remontan a los padres fundadores ingleses. En 1894 se fundó el Club de Críquet y Fútbol de Viena, y en 1910, debido a una división interna, se formó el Wiener Cricketer. Los directivos del nuevo club consiguieron convencer a algunos de los jugadores para que se unieran a su causa, y a partir de ese día los colores del club cambiaron del uniforme negro y azul, adoptado inicialmente, al blanco y morado, los colores que todavía identifican al club en Favoriten.

Pero ese mismo año se produjo un nuevo cambio de nombre: el Wiener Cricketer no entusiasmó a nadie, y *Die Veilchen* —los violetas, como se apoda a los hinchas y jugadores del Austria de Viena— cambió su nombre por el de Wiener Amateur Sportverein, conocido en la ciudad como Amateure. Al año siguiente, en 1911, la Amateure pasó a formar parte de la ÖFV.

El club se distinguió desde el principio por ser, a diferencia del Rapid, el equipo que mejor representaba a la Viena burguesa y a la Viena de los cafés, y varios de sus directivos eran miembros de la burguesía judía de la ciudad.

En comparación con otros clubes que habían surgido en los alrededores de la capital, el Amateure disponía de mucho dinero, lo que había hecho posible la llegada de estrellas del fútbol de la vecina Hungría, como Alfred Schaffer y los hermanos Konrad, Jeno y Kalman, a lo largo de los años, fichajes que se consideraban inusuales en una época en la que el fútbol era todavía un fenómeno *amateur*. También era conocido que directivos, aficionados y jugadores del Amateure —incluido Sindelar, unos años más tarde— eran asiduos a los cafés. Mientras que los seguidores del Rapid se reunían en los suburbios como los de otros clubes, los del Austria Viena tenían un punto de encuentro fijo: el café Parsifal, una cafetería de la Ringstrasse, la zona que rodea el centro de la ciudad y las principales atracciones turísticas. El juego era habitual en estos círculos. Se rumoreaba que los jefes de equipo apostaban durante horas, arrojando sobre la mesa billetes de 100 chelines cada vez.

Curiosamente, a pesar de contar con mucho capital, el club no tendría su propio estadio en años. A mediados de la década de 1920, el equipo jugaba en la zona residencial de Ober St. Veit, no muy lejos del campo del Rapid. Pero solo dos meses después estalló la Gran Guerra y el terreno del equipo fue abandonado, sin que se realizara ningún mantenimiento. No obstante, al final de la Primera Guerra Mundial se jugaron varios partidos en el campo de Ober St.Veit, y cuando esto no fue posible, los partidos se jugaron en un campo neutral.

Las instalaciones de Ober St. Veit albergaron al Fussball Klub Austria Vienna —el nombre completo que adoptaría el club a partir del 28 de noviembre de 1926— hasta 1931, cuando la empresa propietaria del terreno decidió subir el alquiler sin llegar a un acuerdo con el club. La dificultad para adoptar un terreno propio, regular y estable, llevaría al club a cambiar 15 estadios entre sus inicios y 1982, año en que se trasladó al estadio Franz Horr.

Una de las peculiaridades del club, que ya era evidente mucho antes del estallido de la Gran Guerra, era su aptitud para las competiciones internacionales: bajo los colores del Club de Críquet y

Fútbol de Viena, el club había triunfado, de hecho, dos veces en la Challenge Cup entre 1898 y 1902. Los triunfos en la Challenge Cup pusieron en primer plano a algunos jugadores, como Ludwig Luigi Hussak, el delantero que marcó el primer gol oficial de la historia de los violetas de Viena. Él marcaría un gol ante Italia en la semifinal del Torneo de Consolación en los Juegos Olímpicos de 1912 con la selección austriaca.

Durante estos años la Amateure desarrolló un estilo refinado concebido en las mentes de Jimmy Hogan y Hugo Meisl, que habían entrenado al club entre 1912 y 1914, año este último en que Hugo Meisl fue convocado. Más tarde, el dúo Hogan-Meisl daría la misma impronta a la selección nacional austriaca.

Entre 1911 y 1923, el Amateure se convirtió en uno de los principales rivales del Rapid en aquella época, pero siempre era derrotado y quedó en segundo lugar en tres ocasiones. La estrella húngara Alfred Schaffer fue fichada para disputar el título a los verdiblancos, y al año siguiente, en la temporada 1923-1924, el Amateure ganaba su primer título nacional.

Schaffer era uno de esos jugadores a los que se amaba o se odiaba. Bruno Kreisky, que se convertiría en canciller después de la guerra, lo calificó de ejemplo. Para otros, sin embargo, era un mercenario, alguien que no perdía la oportunidad de exigir dinero para conseguir un aumento de sueldo. En un año, Schaffer había conseguido duplicar su salario. Pero no solo la adquisición de Schaffer reforzó al Amateure: al mismo tiempo llegó otro delantero letal llamado Gustav Wieser. Antes de llegar al Amateure, Wieser había formado parte del Rapid y del Würzburger Kickers, y era otro de esos fichajes que ningún club podía permitirse.

Además del título nacional, Amateure también ganó la Copa de Viena, trofeo que más tarde pasaría a llamarse Copa de Austria. El equipo destacó por su línea ofensiva, que además de Wieser y Schaffer incluía a Kalman Konrad, otro formidable delantero de Hungría. Fueron años en los que el Amateure era considerado unánimemente como uno de los mejores equipos centroeuropeos, a pesar de que algunos jugadores importantes habían abandonado el club. Los hermanos Konrad, por ejemplo, pasarían a los rivales del First Vienna. Pero al mismo tiempo Amateure había fichado a la estrella emergente del fútbol austriaco, Matthias Sindelar, llegado con otros tres compañeros del Hertha de Viena, otro de los clubes de la Favoriten de los que Amateure solía pescar talentos prometedores.

En la temporada 1925-1926 –tras el éxito de Hakoah– Amateure ganó su primer título profesional, el segundo de su historia. Sin embargo, en el contexto de los éxitos deportivos, había considerables dificultades financieras que afectaban al club desde que el fútbol se hizo profesional. Ahora el Amateure, al igual que otros equipos de la capital, tuvo que hacer frente a costes y gastos adicionales correspondientes al mantenimiento del estadio, inversiones publicitarias, gastos en material deportivo y otros. El *Neue Wiener Journal,* en un artículo titulado "El balance del fútbol vienés", argumentaba que el nuevo sistema –el fútbol profesional– se había puesto en marcha demasiado rápido y había llevado a un gran número de equipos al borde de la quiebra. Sin embargo, la obtención del título ayudó a disimular estas dificultades.

El Amateure se caracterizaba ahora por su gran capacidad para marcar goles: uno de sus jugadores más representativos, Viktor Hierländer, diría años más tarde: "Fuimos los primeros en desarrollar el juego que pasaría a la historia como la Escuela de Viena: un juego preciso y equilibrado con un encanto único".

Entre 1926 y 1933, otros equipos compitieron por el título. Las dificultades financieras del Amateure se agravaron, lo que llevó a Kalman Konrad –que había regresado tras un breve paso por el First Vienna– a marcharse a Estados Unidos, sumándose así a la colonia de futbolistas húngaros que ya se habían trasladado al extranjero un par de años antes. Sindelar, en cambio, decidió quedarse, a pesar de una importante oferta del Rapid. Además, el club se vio obligado a rebajar sus salarios, que en algunos casos cayeron por debajo del límite máximo de la ÖFB de 300 chelines.

El 28 de noviembre de 1926 el club cambió su nombre por el de Fussballklub Austria, conocido por todos como FK Austria. Esta decisión se tomó al final de una reunión de socios en el Dom Café. El principal impulsor de la iniciativa fue Emanuel "Michl" Schwarz, quien, aunque sería presidente del club hasta unos años después, ya poseía cierta influencia en el mismo. Además, Schwarz, que era entonces director del Schwimmklub Austria, quería dar al club un nombre que le permitiera distanciarse del anticuado modelo *amateur.*

Sin embargo, fueron años en los que los *violetas* no pudieron repetir los éxitos deportivos de los años anteriores, a pesar de que Sindelar se había consolidado como una de las principales estrellas del mundo. Las temporadas de transición del club continuaron hasta 1933, cuando el club ganó la Copa de Invierno, que no era

otra cosa que la antigua Copa de Viena, ahora disputada en formato de liga. Fue 1932 el año en el que Emanuel "Michl" Schwarz se convirtió en presidente del club. Y, a pesar de otras muchas despedidas, un jugador se quedó: Matthias Sindelar. La retención de Sindelar fue la suerte del Austria Viena, que ganó la Copa Mitropa en dos ocasiones, gracias a las hazañas de su jugador más exitoso.

El reglamento de la Copa Mitropa estipulaba que cada país miembro podía decidir si enviaba a sus dos mejores representantes –los que ocupaban el primer y segundo puesto de la liga– o al ganador de la liga y al de la copa nacional para participar en la competición. La ÖFB había optado por esta segunda solución, y el club Favoriten se habría beneficiado definitivamente de ella.

La victoria en la Copa Mitropa en 1932-1933 confirmó la tendencia característica del club a participar en competiciones internacionales. Tras los éxitos de los primeros años en la Challenge Cup, cuando el club aún se llamaba Vienna Cricket and Football Club, los violetas también brillaron en la Copa Mitropa.

Tras vencer al Slavia de Praga y a la Juventus, el Austria de Viena llegó a la final, donde se encontraría con otro equipo italiano: la Ambrosiana de Meazza.

El partido de ida, disputado en la Arena Cívica de Milán, se saldó con un 2-1 a favor de la Ambrosiana, y un gol de Spechtl en los últimos compases del encuentro mantuvo vivas las esperanzas del equipo austriaco. La final de vuelta se jugó el 8 de septiembre de 1933. El Prater estaba repleto ya que 58 000 espectadores se habían presentado para la ocasión, una cifra impresionante para aquellos tiempos. El partido, que fue duramente criticado por los periódicos italianos en los días siguientes debido a un arbitraje que se consideró injusto, terminó 3-1 a favor de los austriacos gracias al triplete de Sindelar.

El Austria de Viena ganó su primera Copa Mitropa, una hazaña que también lograron unos años antes el Rapid y el First Vienna.

Aquella victoria levantó las finanzas del club, y Schwarz –como solía hacer– concedió premios individuales a sus jugadores: 400 chelines por pasar a cuartos, 500 por clasificarse para las semifinales y 1000, si el equipo se llevaba la copa.

En 1934-1935 llegó al banquillo del club Jeno Konrad, que había iniciado su propia carrera de entrenador al frente del FC Nürnberg de Alemania, llegando a las semifinales del Campeonato 1931-1932 aunque perdió ante quien después se convertiría en campeón: el Bayern de Munich. A pesar de sus buenos resultados en el campo, su estancia en Núremberg se caracterizó por los repetidos ataques antisemitas que sufrió. Algunos periódicos abiertamente antijudíos, como *Der Sturmer*, le atacaron tras la derrota contra el Bayern: "¡Administradores! Hazte cargo de la situación y despierta. ¡Lleva el autocar a Jerusalén!", gritaba el titular. Konrad había pagado el precio de que durante algunos años Núremberg se convirtiera en uno de los principales bastiones nacionalsocialistas, una ciudad que había empezado a acoger varias asambleas del partido en 1927.

Bajo la dirección de Konrad, el Austria de Viena ganó su segunda Copa Mitropa en 1936-1937. Tras ganar al Grasshopper en la ronda eliminatoria, Sindelar y sus compañeros se impusieron en la final al Bologna, al Slavia de Praga, al Újpest y al Sparta de Praga. En la final, tras un decepcionante empate a cero en Viena, Camilo Jerusalem marcó el gol decisivo.

Sin embargo, 1937 también fue un año de luto para los vieneses: Hugo Meisl —el antiguo director, entrenador del club y fundador de la copa en la que el club había destacado repetidamente— murió de un ataque al corazón. En la liga, el Austria de Viena también demostró su fuerza quedando subcampeón, con la misma puntuación que el vencedor, pero perdiendo el título ante el Admira por peor diferencia de goles.

Tras el *Anschluss*,[3] el club violeta fue sometido a una administración extraordinaria: pocos días después del suceso, Hermann Haldenwang, un comandante de las SA[4] y antiguo jugador del Amateure, fue nombrado gerente interino. Haldenwang llegó a impedir que los jugadores se despidieran de los antiguos directivos judíos, y los bienes muebles e inmuebles del club fueron confiscados. Años más tarde, Franz Schwarz, hijo del presidente Emmanuel Schwarz, contaría:

"De repente, Haldenwang apareció y afirmó ser el nuevo director del club. Lo primero que noté fue cómo Haldenwang y

---

3   Palabra alemana que significa "unión". Es un término que se usa para referirse a la unión política de Austria con Alemania, lograda mediante la anexión de Adolf Hitler en 1938.

4   Las *Sturmabteilung* o SA (Sección de Asalto) funcionaron como una organización tipo milicia del NSDAP, el partido nacionalsocialista alemán.

nuestro centrocampista Johann Mock siempre aparecían con sus uniformes nacionalsocialistas. A mi padre le quitaron un trofeo de oro que era una réplica de la Copa Mitropa".

Durante unos meses, el club se vio obligado a cambiar su nombre por el de Ostmark —el mismo nombre con el que se había rebautizado el propio país— y sus directivos judíos tuvieron que abandonar sus puestos de trabajo y buscar refugio en el extranjero. Emanuel Schwarz hizo las maletas para huir a Estados Unidos, pero las trabas burocráticas lo llevaron a Italia. Con la ayuda de la FIGC (la Federación Italiana de Fútbol), se instaló primero en Bolonia y después se fue a París. Aquí se escondió mientras duró la guerra. Ludwig "Luigi" Hussak, el primer campeón del club cuando se llamaba Wiener Amateur Sportverein, también corrió la misma suerte. Norbert Lopper, antiguo jugador y gerente del club, huyó a Bélgica y fue deportado a Auschwitz en 1942. Aquí perdió a su esposa, Rebecca, junto con otros familiares. Lopper fue torturado repetidamente y enviado al campo de concentración de Mathausen en 1945; afortunadamente fue liberado en mayo del mismo año. Robert Lang, entrenador del club entre 1928 y 1930, escapó a Yugoslavia, pero fue capturado y asesinado en noviembre de 1941.

En sustitución de Schwarz —que volvería al club al final de la guerra— estaba Bruno Eckerl, abogado, que se convertiría en miembro del Partido Nacional Socialista a partir de 1941. Debido al deterioro de la situación, varios jugadores huyeron: Camilo Jerusalem a Francia, pero regresó a Viena durante los años de la guerra, mientras que Walter Nausch se fue a Suiza. Allí se embarcaría en una carrera de entrenador que le llevaría a sentarse en el banquillo de la selección austriaca a partir de 1948.

Nausch conseguiría dar continuidad parcial a la leyenda del *Wunderteam*: entrenaría a jugadores de la talla de Stojaspal, Dienst, Körner, Ocwirk y Hanappi y lograría el tercer puesto en el Mundial de 1954. Los años de guerra no fueron favorables para el club Favoriten, que nunca ganó la Ostmark Gauliga. Privado de la oportunidad de jugar en las competiciones en las que había mostrado mayor afinidad, la Copa de Austria y la Copa Mitropa, el club ocuparía el papel de espectador hasta el final de la guerra. Antes de que floreciera otra generación de campeones.

IV

Admira, como Rapid, nació en uno de los suburbios de la capital. Desde 1905 hasta 1971, cuando se fusionó con el Wacker Wien, jugaría sus partidos como local en Floridsdorf, hoy un suburbio de la capital que entonces era un municipio independiente. Más concretamente, se dice que Admira Viena se formó en torno a la zona de Jedleseer Schwarzlackenau por miembros del club deportivo Sturm, que fundaron una asociación llamada Admira en 1897.

El 30 de julio de 1899 se fundó el Ersten Groß-Floridsdorfer Fußballklub Admira, que lleva el nombre de un transatlántico que había traído a uno de los jugadores a casa en 1897. Sin embargo, solo cuatro años después, el club dejó de existir, pero renació en 1905 con el mismo nombre tras la fusión con otros dos clubes del mismo distrito, el Burschenschaft Einigkeit y el SK Vindobona. Para todos, Admira Viena nació en ese momento. En 1906 obtuvo su primer trofeo: ganó un torneo en el que participaron otros cinco equipos de la capital.

Tres años después, en 1909, el club se trasladaría a los alrededores de Pollak, otro suburbio de Floridsdorf que albergaba un importante distrito textil. Entre las empresas presentes en el distrito también estaba la Sohne de Hermann Pollak, situada en la Jubiläumsgasse, hoy Deublergasse, donde la formación blanquinegra construyó su primer estadio.

De los cuatro equipos vieneses que dominaron la liga hasta la vuelta al fútbol *amateur*, el Admira fue el que se desarrolló más lentamente. En los primeros años del siglo XX no era uno de los principales equipos de la capital y nunca había participado en la Challenge Cup, a diferencia del First Vienna, el Rapid y el Amateure.

Cuando comenzó el primer campeonato austriaco en 1911, Admira no estaba allí: debía participar en la segunda división, la 2. Klass, pero fue relegada a la cuarta. Esta sanción se impuso después de que la dirección del club invitara a un equipo de Bratislava, el Pressburger Torna-Elf, a jugar en Austria para facilitar una red de apuestas. El reglamento prohibía este tipo de partidos y el equipo fue expulsado de la ÖFV.

No obstante, el Admira era un equipo superior a los que se enfrentaría en los años anteriores a su regreso a la máxima categoría. El año que jugó en cuarta división marcó 122 goles y solo recibió ocho, y al año siguiente, cuando jugó en tercera división, marcó 88 y recibió 12. Así, en 1914 volvió a la segunda división.

Así, el club comenzó a cultivar ambiciones aún mayores que se traducirían en resultados con la ayuda de las fábricas del entorno. Sus actividades fueron financiadas por varias fábricas locales, entre ellas Sohne, de Hermann Pollak, Mautner-Markhof, propietaria de la marca de cerveza St. Georgs-Brauerei, y Pauker, que construía locomotoras. El apoyo de estos gigantes hizo que, a diferencia de otros equipos de los distritos periféricos cuya connotación social era roja o proletaria, el Admira de Viena tuviera una identidad menos definida: fundado en la periferia, pero no podía llamarse a sí mismo equipo de la clase obrera.

En 1914, el club cambió su nombre por el de Sportklub Admira Viena. Al final de la Gran Guerra, Admira se convirtió en una presencia permanente en la primera división. El estadio se amplió para acoger a 10 000 espectadores. Sin embargo, el comienzo fue desastroso: los blanquinegros concluyeron su primera temporada en la máxima categoría del fútbol austriaco en el último lugar y no descendieron a la 2. Klass solo por las reglas de aquellos años que no preveían ascensos ni descensos. Al año siguiente, el club terminó en penúltimo lugar.

La temporada 1922-1923 fue la primera en la que el club terminó en tercera posición, la mejor de su corta historia. Entre 1927 y 1938 el club vivió su época dorada, ganando ocho títulos nacionales y cinco Copas de Austria.

Tres años antes del primer título, Rudolf Mütz, un ejecutivo de la empresa Sohne de Hermann Pollak, asumió la presidencia del club. Permaneció en el cargo hasta 1930 y posteriormente fue elegido presidente honorario. Bajo la dirección de Mütz, el club ganó dos títulos nacionales —los primeros desde su fundación—, logró dos segundos puestos y en una ocasión alcanzó las semifinales de la Copa Mitropa en 1928.

Antes de 1927, Admira también había tenido un escaso peso en las jerarquías de Hugo Meisl: el entrenador rara vez convocaba a los jugadores blanquinegros para partidos internacionales. Cuando comenzó la primera edición de la Copa Internacional, la presencia de los jugadores de Admira en el 11 inicial de la selección nacional austriaca se había masificado. El defensa Anton Janda y los delanteros Ignaz Siegl y Anton Schall se convirtieron en las piedras angulares de este equipo, una bandera del club que acabaría marcando 231 goles en 285 partidos, convirtiéndose en el máximo goleador de la liga austriaca en cinco ocasiones. Al final de su carrera, moriría en un campo de fútbol durante un entrenamiento con su antiguo club, el Basilea.

La racha ganadora del Admira continuó incluso después de que Mütz dejara la presidencia del club. Entre 1930 y 1938, el Admira ganó cuatro títulos de liga más y dos Copas de Austria, aunque no pudo hacer historia por segunda vez en 1934, cuando fue derrotado en la doble final de la Copa Mitropa por el Bologna y tuvo que decir adiós a sus sueños de gloria europea.

Además del mencionado Schall, el equipo era aún más fuerte que unos años antes, con jugadores de la talla de Peter Platzer, Johann Urbanek, Adolf Vogl y Wilhelm Hahnemann, todos los cuales habían formado o formarían parte del *Wunderteam*.

En 1938, tras su regreso al fútbol *amateur*, Rudolf Mütz, que seguía actuando como financiero del club, perdió su puesto como director de la empresa Sohne de Hermann Pollak: la fábrica había sido arianizada[5] por los bancos y el propietario, Hans Grödel, un ciudadano judío, había sido expropiado. El hecho de que Mütz se hubiera convertido al cristianismo a los 20 años no era suficiente para los nacionalsocialistas: también sería perseguido. En aquella época, un ciudadano judío que vivía bajo el Reich aún tenía la posibilidad de emigrar, pero para ello debía pagar el *Reichsfluchtsteuer,* un impuesto al que también estaban sujetos otros ciudadanos alemanes y austriacos que querían abandonar la patria. Mütz pagó 47 000 marcos alemanes y huyó a Yugoslavia, al igual que el presidente de la Asociación de Fútbol de Viena, Josef Gerö, y el antiguo entrenador del Austria-Viena, Robert Lang. Mütz moriría como consecuencia de la ocupación nazi de Yugoslavia en 1943, al igual que Robert Lang, mientras que Gerö sobreviviría.

Fue el Admira quien ganó el campeonato de 1939, el primero desde el regreso del fútbol *amateur*. Como ganador de la Gauliga Ostmark, Admira participó en el campeonato alemán y llegó a la final. Sin embargo, aquí los jugadores del Admira sufrieron una dura y sorprendente derrota: fueron derrotados 9-0 por el Schalke 04.

---

5   Expropiada a los judíos.

El sentimiento predominante entre los hinchas del Admira y los aficionados austriacos en general era que el partido se había visto empañado por un arbitraje parcial. Lo cierto es que el Admira llegó a ese partido diezmado: Anton Schall y Peter Platzer, dos de los jugadores que habían formado parte del *Wunderteam* durante el Mundial de 1934, no habían jugado. Una semana antes habían disputado la final de la Copa del Reichsbund defendiendo la playera del Ostmark ante el representativo de Silesia, y tras la victoria por 5-2, ambos habían sufrido lesiones. En el lugar de Platzer estaba Buchberger, un portero muy joven que también había llegado al partido después de nueve meses de servicio en la Wehrmacht. Años más tarde, Buchberger confesaría que había estado bajo mucha presión durante aquel partido: con solo 18 años, jugar el tercer partido de su carrera ante casi 100 000 aficionados contrarios no había sido fácil. Además, durante ese partido, el Admira se quedaría con diez hombres por la expulsión de Fritz Klacl. El centrocampista austriaco había discutido con el delantero centro alemán Fritz Szepan y, en el minuto 52, lo había derribado, dejándolo sangrando. El árbitro no tuvo dudas, envió a Klacl a la ducha y el equipo del Schalke 04, que ya había acumulado una ventaja considerable antes de la expulsión, comenzó la goleada.

A partir de ese partido, las peleas en los estadios se intensificaban cada vez que un equipo austriaco se enfrentaba a uno alemán. Al año siguiente se organizó en Viena un partido amistoso entre ambos equipos, en el que se produjeron antes, durante y después del encuentro enfrentamientos muy violentos entre los aficionados. Algunos periódicos trataron de restar importancia al incidente centrándose en los aspectos más destacados del partido, mientras que otros, como el *Völkischer Beobachter,* afirmaron que era "el día más oscuro de la historia del fútbol vienés, un día para olvidar".

Hitler había prohibido cualquier mención a los conflictos entre Ostmark y *Altreich*, incluso cuando estos tenían lugar en el ámbito deportivo. Además, tras la intervención de la policía, los dirigentes nacionalsocialistas vieneses estaban convencidos de que la situación se calmaría. Los que pagaron por las refriegas fueron 220 aficionados vieneses, en su mayoría adolescentes, que fueron enviados a campos de trabajo e instituciones psiquiátricas.

A partir de entonces y hasta el final de la guerra, el Admira dejaría de estar entre los cuatro mejores equipos de la Gauliga Ostmark, llegando a descender para después volver a disputar la máxima categoría en la temporada 1942-1943, gracias sobre todo a las proezas de Franz Konecny, un jugador que había fingido una lesión para evitar ser llamado al frente. El club volvería a ganar la liga y la copa en 1966, y en 1971 se fusionaría con el Wacker Wien, adoptando el nombre de Admira Wacker.

1921/1922. Equipo de reserva del Hertha Wien; Sindelar, cuarto de derecha a izquierda - Fuente: Bezirksmuseum Favoriten

20 de marzo, 1932. El Wunderteam en el Prater, antes de la victoria contra Italia (Verein für Geschichte der ArbeiterInnenbewegung - VGA)

1932. Sindelar en acción contra Suiza (Bezirkmuseum Favoriten)

1936. Austria Viena antes de la final de la Copa Mitropa (Il Calcio Illustrato)

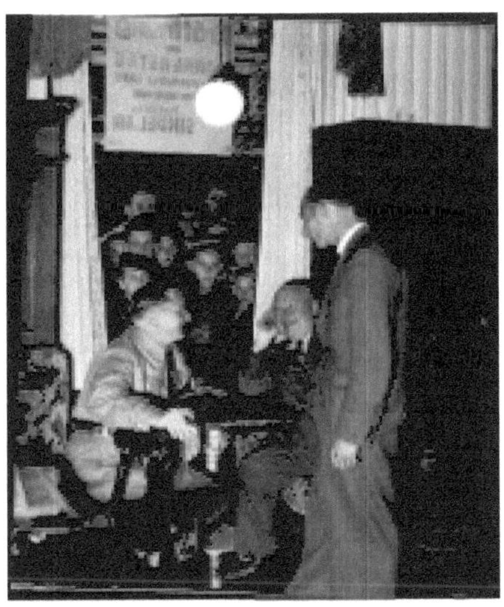

Clientes del Annahof (Bezirkmuseum Favoriten)

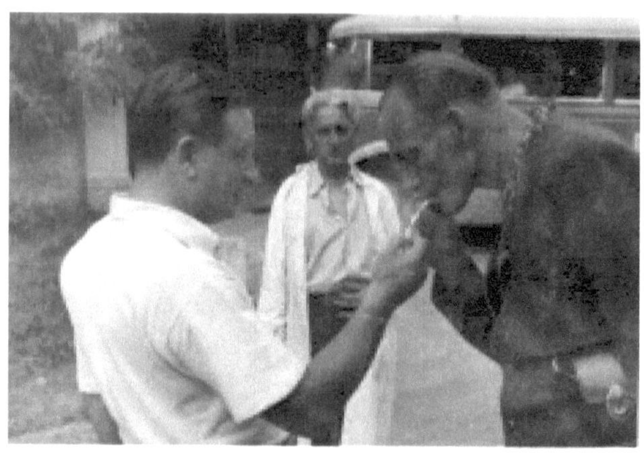

1937. Sindelar como actor (Bezirkmuseum Favoriten)

1937. Sindelar se interpreta a sí mismo en la película Roxy und das Wunderteam (Bezirkmuseum Favoriten)

Sindelar dentro del Annahof en los días previos a la inauguración (Bezirkmuseum Favoriten)

Lago de Como, comité para la creación de la Copa Mitropa - Fuente: Archivo Hugo Meisl Hafer

Sindelar fuera del Annahof (Bezirkmuseum Favoriten)

Hugo Meisl durante una sesión de entrenamiento - Fuente: Verein für Geschichte der ArbeiterInnenbewegung (VGA)

Hugo Meisl y los miembros del Wunderteam en una estación de tren
Fuente: Verein für Geschichte der ArbeiterInnenbewegung (VGA)

Hugo Meisl y el Wunderteam en el ayuntamiento de Glasgow - Fuente:
Archivo Hugo Meisl Hafer

3 de abril, 1938. Sindelar y Münzenberg antes del inicio del Anschlussspiel (Schwind, Karl H., Geschichten aus einem Fußballjahrhundert. Wien 1994)

3 de abril, 1938. La tribuna del Prater antes del Anschlussspiel. El alcalde de Viena Hermann Neubacher estrecha la mano del Ministro de Deportes Hans Tschammer und Osten (Fussball Sonntag)

3 de abril, 1938. Los jugadores austriacos, con camisetas rojas y sin el escudo de Austria, muestran el saludo nazi (Fussball Sonntag)

3 de abril, 1938. El marcador antes del comienzo del partido dice 0-0. La selección nacional austriaca no se llama Austria (Österreich), sino selección germano-austriaca (Deutsch-Öesterr.-Mschft) (Fussball Sonntag)

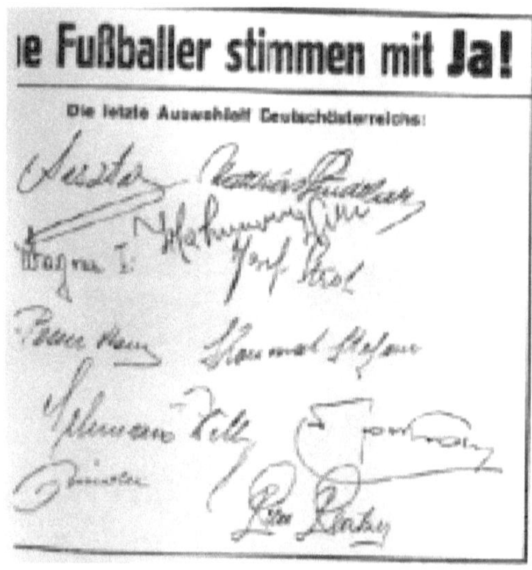

Las firmas de 11 jugadores austriacos que apoyaron el referéndum sobre la anexión de Austria a Alemania previsto para el 10 de abril de 1938. El título dice: "Los jugadores votan SÍ". Las firmas son de Karl Sesta, Matthias Sindelar (segunda firma desde arriba), Wilhelm Hahnemann, Franz Wagner, Josef Stroh, Hans Pesser, Stefan Skoumal, Willibald Schmaus, Hans Mock, Franz Binder y Peter Platzer. (Fussball Sonntag)

4 de junio, 1938. La selección alemana en la Copa del Mundo de Francia antes del empate a uno con Suiza. Fue la primera ocasión oficial en la que Herberger intentó integrar la escuela vienesa con la alemana, basada en la forma W-M. (Kastler, Karl, Fußballsport in Österreich. Von den Anfängen bis in die Gegenwart, Linz 1972)

CAPÍTULO 5

EN EL TECHO DE EUROPA: EL PRIMER WUNDERTEAM Y LA COPA INTERNACIONAL

"Según los historiadores del fútbol, hubo un primer y un segundo Wunderteam. *Dos equipos muy diferentes que tenían dos denominadores comunes: Hugo Meisl y Matthias Sindelar, así como la famosa forma piramidal. El primer* Wunderteam *se formó en 1931 tras una victoria por 5-0 contra Escocia, que dio al equipo de Meisl el nombre que le acompañaría en los años siguientes, y que terminó con la victoria en la Copa Internacional (o Copa Antonin Švehla). El segundo fue cuando la selección austriaca llegó como favorita a la Copa del Mundo de 1934 en un momento en que su as, Matthias Sindelar, había alcanzado un estado de plena madurez. En total, la selección austriaca logró dos impresionantes series de resultados consecutivos: la primera comenzó con una victoria el 12 de abril de 1931 en la Copa Internacional contra Checoslovaquia y fue interrumpida por una derrota en el amistoso de 1932 contra Inglaterra, y la segunda de 12 partidos culminó con la derrota en la semifinal de la Copa del Mundo de 1934 contra Italia. Aquella derrota, considerada por muchos como un relevo entre el equipo más fuerte de la primera mitad de los años 30 y el mejor de la segunda mitad de la década, fue en realidad solo uno de los muchos capítulos de una rivalidad que había comenzado años antes y que continuaría durante los siguientes. Una rivalidad en la que el fútbol, la política y la propaganda estarían inextricablemente unidos".*

I

Las consecuencias de la Gran Guerra, al final de la cual el Imperio austrohúngaro se disolvió en un mosaico de países constituidos como repúblicas por primera vez, tuvieron obviamente repercusiones en el mundo del fútbol. El Tratado de Trianón, firmado por las potencias vencedoras redujo drásticamente el territorio que había pertenecido al Reino de Hungría, mientras que los Tratados de Versalles y Saint-Germain-en-Laye limitaron las fronteras de Austria y Alemania e impidieron la formación de un imperio pangermánico conformado por las dos naciones.

La crisis se extendía y fenómenos como la recesión o el desempleo se manifestaban de inmediato. Algunos artículos del Tratado de Saint-Germain-en-Laye también hacían hincapié en la protección de los derechos de las minorías étnicas, obligando de hecho a Austria a garantizar la libertad de religión, a reconocer la nacionalidad austriaca a cualquier persona nacida en territorio austriaco y la igualdad ante la ley de cualquier ciudadano, independientemente de su etnia o religión. Aunque las cláusulas impuestas por el Tratado de Saint-Germain-en-Laye no eliminaron ciertos problemas como el antisemitismo o la discriminación de las minorías, tuvieron el efecto de obligar al gobierno de turno a adoptar una postura oficial contra estos fenómenos. No es casualidad que antes y después de los disturbios en Hungría tras la llegada al poder de Miklos Horthy, un antiguo almirante conocido por sus opiniones antisemitas y anticomunistas, Viena siguiera siendo el principal puerto de escala para la comunidad de expatriados húngaros.

Los húngaros que se habían instalado en Austria al final de la Primera Guerra Mundial eran unos 100 000, la mayoría judíos y opositores políticos, durante los años de la República Socialista de Bela Kun, así como bajo el mandato de Horthy. Gyula Gömbös, que se convertiría en la mano derecha de Horthy, era uno de ellos.

Sin embargo, la crisis y el desempleo siguen siendo los principales problemas. Por no hablar de la violencia, un fenómeno que no ha desaparecido en absoluto. En mayo de 1919 el periódico conservador austriaco *Innsbrucker Nachrichten* señalaba que el final de la Gran Guerra no había contribuido a hacer de Europa un lugar más pacífico y seguro. Había surgido una serie de organizaciones paramilitares que sembrarían el terror y la violencia hasta 1923. Estaban compuestas principalmente por hombres que habían sufrido especialmente las consecuencias de la derrota y que procedían, en la mayoría de los casos, de los suburbios multiétnicos y mal avenidos de las grandes ciudades o de los pueblos más aislados.

El análisis posterior demostraría que el consenso del que gozaba el nacionalsocialismo estaba especialmente arraigado en estos territorios. En general, existía un fuerte resentimiento hacia las potencias vencedoras que, además de redefinir las fronteras de las naciones derrotadas, habían vaciado sus ya arruinadas arcas imponiendo fuertes sanciones económicas.

Las relaciones internacionales entre los países europeos en el periodo de entreguerras iban de la mano de las relaciones deportivas. Durante años las relaciones entre las naciones que se habían enfrentado en el campo de batalla permanecieron congeladas. Entre 1918 y 1922 la selección nacional austriaca solo jugaría partidos amistosos contra equipos de países aliados o neutrales, como Suiza y Suecia. En 1922 Austria jugó por primera vez contra una selección de la cual fue contrincante en la Primera Guerra Mundial: Italia.

Hubo varias personalidades diplomáticas que trabajaron para reconstruir las relaciones entre países y federaciones deportivas: en Hungría, la figura clave fue el diplomático Mór Fischer, que organizó varios partidos amistosos con selecciones extranjeras en la década de 1920. En 1929, facilitado por algunos acuerdos bilaterales que Mussolini y el ministro Grandi habían concluido con Austria y Hungría, los equipos italianos empezaron a participar en la Copa Mitropa, que se había creado solo dos años antes.

Las relaciones entre las naciones europeas habían cambiado drásticamente desde unos años antes, y a partir de 1933 prácticamente se invertirían: Italia y Austria, por ejemplo, formarían una alianza para proteger las fronteras de este último frente a una invasión de la Alemania de Hitler. En 1924 las relaciones deportivas habían dado un giro similar: Alemania había exigido que Austria fuera expulsada de la FIFA cuando se incorporó al fútbol profesional, y en 1927, cuando se crearon la Copa Mitropa y la Copa Internacional, la DFB, aunque fue invitada a participar en la Copa Internacional, se negó porque no quería competir con los jugadores profesionales.

La Coppa Internazionale era en realidad solo el nombre que tomaría el evento en Italia. Oficialmente, la copa se llamaba Coupe Internationale Européenne, pero en cada país se denominaba de

forma diferente. En Austria era el Europapokal, en Hungría el Europá Kupa y en Checoslovaquia el Mezinárodní Póhar. – Acá se generò un poco de confusion. A lo mejor me expliqué mal yo: La Copa Internacional y La Copa Mitropa eran copas diferentes. La Mitropa era para clubes y en Italia ahora se le recuerda como Copa Mitropa, aunque los periodicos de antaño la nombraban Coppa Europa, y los que siguen son los nombres que la Mitropa tenia en cada pais en que se jugaba. Ademas el titolo original no era Coupe Internationale Européenne, sino Coupe de l'Europe Centrale.

Hasta 1938 el fútbol europeo al más alto nivel había sido un asunto reservado a unas pocas antiguas potencias del Imperio austrohúngaro, como Austria, Hungría y Checoslovaquia, además de Italia e Inglaterra, que persistía en su aislacionismo deportivo.

Los supuestos sobre los que nació la Copa Internacional eran los mismos con los que se había creado la Copa Mitropa: el deseo y la necesidad de los clubes y las federaciones de hacer caja para poder ganar dinero y enfrentar los mayores gastos que implica el modelo profesional. En realidad, la Copa Mitropa y la Internacional eran, en cierto modo, competidoras: la Copa Internacional se organizaba en un formato similar al de un campeonato, con partidos de ida y vuelta que se disputaban mientras se desarrollaban los campeonatos, y no pocas veces ocurría que la presencia de un jugador en un partido de la Copa Internacional ponía en peligro su disponibilidad para un partido del campeonato o de la Copa Mitropa. Sin embargo, en la mayoría de los casos, los clubes pudieron retener a sus jugadores y evitar que fueran convocados a la selección nacional.

Como ya se ha mencionado, ambas copas nacieron gracias a la iniciativa de Hugo Meisl. Aunque los partidos amistosos internacionales de la época atraían a un gran número de espectadores –menor al que atraería la primera edición de la Copa Internacional en 1927–, no se podía decir lo mismo de los partidos entre equipos de clubes. Fue después de uno de estos partidos cuando Hugo Meisl comprendió la importancia de reestructurar el fútbol internacional. El partido amistoso entre el First Vienna y el Slavia de Praga, técnicamente de primera categoría, solo atrajo a 3000 espectadores.

La Copa Internacional fue concebida en 1926 en una conferencia en Praga y, en comparación con la Mitropa, cuyos ingresos irían a parar a los bolsillos de los clubes, beneficiaría a las federaciones de las naciones participantes. Sin embargo, el objetivo era el mismo: llenar los estadios al máximo.

Al principio, la conferencia de Praga despertó el escepticismo de algunas de las federaciones participantes, como la holandesa, la inglesa, la francesa y la belga. En diciembre de 1926 se celebró una segunda conferencia en París en la que se rechazó el plan de establecer la Copa Internacional. Hugo Meisl, apoyado por Henri Delaunay –que juntos tendrían un papel importante en la creación de la Copa del Mundo–, propuso a la FIFA un nuevo plan que finalmente fue aprobado. Se nombró un comité y nació oficialmente la Copa Internacional, aunque de hecho, en contra de las esperanzas de Hugo Meisl, fue casi exclusivamente una copa para las naciones de Europa Central.

En julio de 1927, con un día de diferencia, se organizó en Venecia la primera conferencia para la Copa Mitropa y la Copa Internacional. Se decidió que cada edición de la Copa Internacional debía durar dos años, y que la competición profesional debía ir acompañada de una segunda para equipos aficionados. En realidad, la imposibilidad de que las selecciones nacionales y los clubes encajaran sus calendarios –sobre todo porque habían surgido otros eventos– hizo que algunas ediciones se prolongaran.

La copa también recibió el nombre de Copa Švehla, en honor a Antonin Švehla, el entonces Primer Ministro de Checoslovaquia, que decidió donar una copa de cristal como premio para el ganador. Sin embargo, el apelativo más común de la prensa sería el de Copa de Europa, un nombre que resumía mejor que ningún otro la naturaleza del evento. La creación de la Copa Internacional –y la Mitropa casi simultáneamente– fue otro éxito de Hugo Meisl. El italiano Mario Ferretti fue nombrado presidente, a pesar de que los equipos italianos no participarían inicialmente en la Copa Mitropa. Comenzarían a participar en 1929, cuando se creó el primer campeonato nacional en Italia. Meisl conservó su puesto de secretario y se creó una junta directiva tanto para la Copa Mitropa como para la Copa Internacional con sede en Viena, en la Tegethoffstrasse.

El número de espectadores que pagaron desde la primera edición atestigua el éxito. Mientras que un partido amistoso entre Austria y Suiza en 1926 atrajo a 19 000 personas, dos años más tarde se duplicó en un partido de la Copa Internacional. El núme-

ro de espectadores creció en proporción a la popularidad de la selección austriaca y alcanzó su máximo nivel en 1931, cuando la selección austriaca se convirtió en el *Wunderteam*.

II

La primera edición, disputada entre 1927 y 1930, fue ganada por la Italia de Vittorio Pozzo, mientras que Austria y Checoslovaquia quedaron empatados en segundo lugar, ambos con igual balance de goles a favor y en contra.

Antes de que comenzara la competición, Italia y Austria eran, según muchos, las dos favoritas. Mientras que en los primeros años de la década de 1920 las dos naciones habían enmendado sus relaciones institucionales, entre 1925 y 1926, época en la que Mussolini intensificaría su fascistización, las relaciones entre los dos países se habían enfriado considerablemente. Austria, a través de su gobierno, cumple con las obligaciones que le impusieron las potencias vencedoras tras su derrota en la Gran Guerra en materia de protección y preservación de las minorías, mientras que Italia comienza a "italianizar" las regiones en las que existen fuertes minorías lingüísticas y culturales, como el Tirol del Sur, donde hay una gran comunidad cuya lengua principal es el alemán.

La política de Mussolini provocó duras protestas en Austria. La ÖFB se negó a participar en el congreso de la federación, en respuesta, la FIGC —que se había convertido en una extensión del Estado fascista— declaró en un comunicado que "todas las relaciones con la citada federación se han roto por completo". No solo eso, sino que la FIGC llegó a destacar "el gesto de bondad latina que habría tenido Italia al volver a jugar después de los partidos de la Gran Guerra con la derrotada Austria", y volvió a subrayar el "inviolable carácter italiano del Tirol del Sur", amenazando con retirar de su sede cualquier referencia a los partidos internacionales contra Austria, como fotos o banderines.

Italia y Austria volverían a enfrentarse el 6 de noviembre de 1927 en el nuevo y futurista estadio Littoriale de Bolonia, inaugurado solo unos meses antes, en un partido de la Copa Internacional. A pesar de las tensas relaciones entre ambas naciones y sus respectivas federaciones, no hubo enfrentamientos ni tensiones de ningún tipo sobre el terreno de juego.

La mayor controversia sería un amistoso jugado en 1929 en el estadio Hohe Warte de Viena, que terminó 3-0 a favor de los austriacos. Los italianos, los únicos que no reconocieron la superioridad de sus rivales, señalaron la dureza de los austriacos tras la grave lesión de uno de sus jugadores, Janni.

En un marco en el que la rivalidad entre los dos países adquirió connotaciones políticas además de deportivas, los periódicos italianos no dejaron de señalar algunos problemas logísticos que se produjeron, como el hecho de que se izara una bandera italiana con la tricolor puesta en horizontal –una bandera más parecida a la húngara– o que la banda encargada de cantar los himnos nacionales sustituyera la Marcha Real de los Saboya por una canción italiana elegida al azar (un periódico italiano afirmó que era Santa Lucía).

En medio de la dictadura fascista, no se permitió la derrota. Más aún si es contra una nación considerada inferior, derrotada años antes en el campo de batalla. En los días siguientes a la reunión los periódicos no perdieron la oportunidad de repetir lo ocurrido en la Gran Guerra. Uno de ellos escribió que Austria había perdido "un partido muy diferente hace 10 años, cuando no solo dos equipos, sino dos pueblos, con sus fuerzas y sus tradiciones, estaban armados el uno contra el otro". Invectivas similares llegaron también de otros periódicos, como *Il Piccolo* de Trieste, un periódico fundado bajo el Imperio austrohúngaro, cuyas palabras atestiguaban hasta qué punto la prensa escrita estaba ahora al servicio del régimen fascista.

El hecho de que el clima entre las dos naciones se calentara, también se manifestó en el extranjero: el *Deutsche Presse,* un periódico alemán con sede en Praga, señaló que ni siquiera después de las 11 batallas del Isonzo se había permitido Italia insultar a Austria con tanta severidad, a pesar de que aún no era fascista en ese momento.

Aquella edición de la Copa Internacional no empezó de la mejor manera para Austria: perdió sus dos primeros partidos contra Checoslovaquia y Hungría, y el camino se volvió resbaladizo. Sin embargo, a medida que avanzaba la competición, se crecía, ganando en casa a Italia (1-0) y cuatro partidos más. Sin embargo, la competición mostró un cierto equilibrio entre los equipos participantes. A excepción de Suiza, que terminó el torneo con cero puntos, los otros cuatro equipos estuvieron a menos de dos puntos de distancia. Italia quedó en primer lugar con 11 puntos, Austria y Checoslovaquia le siguieron con diez, y Hungría quedó en tercer lugar, con un punto menos.

Evidentemente, el hecho de que la competición se disputara por varios años dio a Hugo Meisl la oportunidad de experimentar con diferentes formaciones, en función del estado físico de sus jugadores y de los resultados obtenidos con los equipos de sus clubes. Entre los convocados estaba Matthias Sindelar, que tenía 24 años en ese momento, pero que solo fue utilizado en una ocasión contra el equipo más débil del torneo, Suiza. Es justo suponer que el ascenso de Sindelar en las filas de la selección austriaca se vio retrasado por los decepcionantes resultados del Austria Viena, que solo fue quinto en la tabla entre las temporadas 1926-1927 y 1930-1931. En aquellos años, otros equipos dominaban la liga austriaca: el Rapid y el Admira, por lo que Meisl prefería a los jugadores de estos dos equipos.

Los partidos amistosos que se disputaron durante la competición sirvieron para probar a los nuevos jugadores. En la Copa Mitropa, la situación fue similar a la de la liga: el Rapid de Viena defendió el pabellón austriaco y llegó a la final en 1927 y 1928, pero fue derrotado por el Sparta de Praga y el Ferencvaros, respectivamente. Durante esos años, las selecciones centroeuropeas no tenían ningún otro torneo en el que pudieran competir. La participación en los Juegos Olímpicos estaba descartada desde que se pasó al fútbol profesional, y la primera edición de la Copa del Mundo tendría lugar en 1930, pero ninguno de estos equipos participaría.

III

A partir de 1930 el fútbol austriaco experimentó una notable maduración. Una vez más fue la Copa Mitropa la que sirvió de termómetro de la mejora del nivel de los campeonatos europeos. Desde 1929, los equipos italianos también participaban en el evento. Sin embargo, en 1930 y 1931, dos equipos austriacos ganaron la máxima competición europea de clubes: el Rapid y el First Vienna.

Al igual que en la anterior edición de la Copa Internacional, la sobreabundancia de talento que se ofrecía en la escena centroeuropea en esos años hacía difícil determinar un favorito. Sin embargo, la rivalidad más enconada seguía siendo la de Italia y Austria. En aquella edición de la Copa Internacional el enfrentamiento también significó el encuentro de Giuseppe Meazza contra Matthias Sindelar. El italiano, aunque muy joven, había sido el máximo goleador de la anterior edición de la Copa Mitropa y pronto se convertiría en un referente de su selección, mientras que Sindelar se consagraría en la segunda edición de la Internacional.

Por segunda vez, Austria fracasó en el primer partido: en San Siro, Italia derrotó a los hombres de Meisl por 2-1. Una vez más, e incluso más que en ocasiones anteriores, ya que por primera vez Italia se impuso a Austria, aparecieron en los periódicos italianos los tonos rencorosos y beligerantes que habían caracterizado los comentarios de los desafíos anteriores. Al final del partido, Vittorio Pozzo comentó la victoria con las siguientes palabras:

"Tengo ganas de llorar. Esta vez lo hicimos. Ganamos a la imbatible Austria, después de 20 años. Hemos conseguido la hazaña que habían intentado en vano cuatro generaciones de nuestros mejores jugadores".

Los resultados iniciales de los austriacos fueron dispares. A la victoria por 2-1 contra Checoslovaquia le siguió un pobre empate a cero contra Hungría en Viena. Tras el empate en el derbi del Danubio, la prensa insistió en que Meisl diera una oportunidad a Matthias Sindelar junto al delantero del First Vienna Fritz Gschweidl. Meisl cedió y Sindelar fue incluido en el once inicial para el partido amistoso contra Escocia del 16 de mayo de 1931. A partir de esa victoria, Meisl no volvería a prescindir de la estrella del Austria Viena, que, tras ayudar a humillar a Alemania en dos partidos amistosos, se convertiría en un elemento indispensable en todos los partidos posteriores de la Copa Internacional.

Tras el empate 2-2 en Budapest contra una Hungría furiosa con el árbitro alemán Bauwens por algunas decisiones cuestionables y la contundente victoria 8-1 contra Suiza, un espectáculo de cinco delanteros austriacos que marcaron todos —Sindelar marcó un gran gol tras una jugada individual—, llegó de nuevo el turno del gran clásico: Austria contra Italia, esta vez en Viena.

Mientras los periódicos seguían despotricando de política, los focos de atención sobre el terreno de juego se centraban especialmente en Sindelar y Meazza. Los equipos se reunieron en el campo y el equipo italiano fue abucheado por 60 000 espectadores en cuanto los jugadores con camisetas azules hicieron el saludo fascista.

Entonces comenzó el partido, y los dos campeones no defraudaron las expectativas al marcar ambos. Sindelar aseguró la victoria del equipo austriaco con sus dos goles. *Der Papierene* hizo gala de su pericia técnica con un remate de cabeza como un delantero centro puro y un gol más depurado y preciso tras una acción indi-

vidual en el centro del campo, todo en tres minutos. Meazza, por su parte, había acortado distancias gracias a una excelente jugada individual. Tras regatear al defensa Josef Blum, batió al portero austriaco Hiden.

Como resultado de esa victoria, Austria empató a Italia con ocho puntos. Con Hungría a tres puntos y Checoslovaquia habiendo caído por sorpresa ante Suiza —que, aunque acabaría última, se lo pondría más difícil a sus rivales que en la edición anterior— estaba claro que el ganador sería uno de los dos, Austria o Italia.

A ambos equipos les quedaban dos partidos por jugar. En el penúltimo partido contra Checoslovaquia, disputado en Praga el 22 de mayo de 1932, que coincidió con el debut de Karl Sesta en la selección nacional, Austria no consiguió más que un 1-1. El partido entre los dos jugadores más representativos también había terminado en empate: el cabezazo de Sindelar fue respondido por František Svoboda, que anidó el esférico en la red austriaca al estar libre en el área.

En la última jornada, Austria se impuso a Suiza por 3-1, aunque la actuación fue muy criticada por el público local. En esos años, los espectadores vieneses habían desarrollado un gusto por el fútbol que iba más allá de los resultados de sus propios equipos. Por lo tanto, una victoria que no fuera acompañada de un buen juego era siempre discutida. Al fin y al cabo, ni siquiera Meisl ocultó su descontento, alegando que su equipo había tenido un mal día.

El estado de ánimo de la prensa reflejaba el del público. *Das Kleine Blatt*, por ejemplo, escribió que las protestas del público se dirigían más al entrenador que al equipo, mientras que el *Neue Freie Presse* escribió sobre "una victoria demasiado pequeña para 55 000 espectadores". El *Reichpost, por su* parte, apuntó al estado de forma del equipo, que según el periódico era insuficiente.

Pero a pesar de ello, la derrota de Italia en Praga frente a Checoslovaquia, que ya estaba fuera de combate, puso el título en manos de los hombres de Meisl. Gracias a esta victoria, al año siguiente (1933), el *Wunderteam* sería invitado a jugar un amistoso en Inglaterra contra la selección nacional inglesa. Un honor que se concede a muy pocos.

IV

La tercera edición de la Copa Internacional tuvo dos peculiaridades: ocurrió en un momento de la historia en el que su popularidad se había desvanecido y en el que las relaciones (diplomáticas y deportivas) entre los principales contendientes, Austria e Italia, cambiarían radicalmente.

A diferencia de 1930, todas las grandes naciones de la Europa continental participarían en la segunda edición del Mundial, la primera que se disputaría en Europa. Esto hizo que el público centrara su atención en un evento más inclusivo, y a partir de entonces la Copa Internacional sería vista por muchos como una especie de Copa del Mundo de menor rango.

Adolf Hitler acababa de llegar al poder y el tema del *Anschluss*, aunque estaba prohibido por los tratados celebrados tras la Gran Guerra, contaba con el apoyo del Partido Nacional Socialista austriaco, así como con el impulso de Alemania. Además, estaba claro que Hitler no tenía el menor interés en respetar los compromisos institucionales impuestos a Alemania al final de la Primera Guerra Mundial.

Dos meses después de la llegada de Hitler al poder, el canciller austriaco Engelbert Dollfuss prohibió la presencia de los partidos socialdemócrata y nacionalsocialista en el parlamento austriaco, y luego inició una era llamada austrofascismo al fundar el Vaterländische Front, cuyo lema era "¡Despierta Austria!". Posteriormente estalla una guerra civil extremadamente violenta entre Linz y Viena, en la que participan socialdemócratas y milicias gubernamentales. Dollfuss consiguió sofocar la rebelión, pero el 25 de julio, Millimetternich, como se apodaba al canciller austriaco por su pequeña estatura y sus habilidades diplomáticas, perdió la vida en un golpe organizado y sin éxito por un grupo de miembros del Partido Nacional Socialista austriaco que habían irrumpido en la cancillería.

El disparo mortal salió de la mano de Otto Panetta, que confesó el asesinato, pero no la intención de asesinar a Dollfuss: según él, el disparo fue accidental. Pero esta defensa fue considerada inverosímil ante el tribunal y Panetta decidió cambiar su historia:

había actuado por venganza personal, ya que atribuía a Dollfuss su expulsión del ejército años antes. Kurt Alois von Schuschnigg ocupó su lugar.

Desde que Hitler llegó al poder, se desarrolló una alianza antialemana entre el Duce y el canciller austriaco. Tras la muerte de Dollfuss, Italia se comprometió a desplegar sus tropas en el paso del Brennero para protegerse de una posible invasión alemana de Austria y, en un comunicado, Mussolini, además de expresar su pesar por la muerte del canciller austriaco, reiteró el compromiso italiano de colaborar con Austria.

En el plano deportivo, sin embargo, la competición era más interesante que nunca: el *Wunderteam* austriaco, campeón de la edición anterior, estaba en su mejor momento, y 1933, año en el que comenzó la competición, había visto a un equipo austriaco, el Austria de Viena, triunfar en la Copa Mitropa. Italia, por su parte, tenía otras tantas cartas en la manga: poco después comenzaría un ciclo que llevaría a la selección de Pozzo a triunfar en los Juegos Olímpicos y en dos ocasiones en el Mundial. Y si en los primeros años Hungría había sufrido algunas carencias en comparación con los otros grandes de Europa, Checoslovaquia llevaría a uno de sus dos principales clubes, el Sparta de Praga, a triunfar en la Copa Mitropa en 1935.

A pesar de que la atención mediática prestada a los partidos de la Copa del Mundo fue mayor, los partidos de la Copa Internacional siguieron registrando altos picos de asistencia, como atestigua el partido entre Italia y Austria disputado en el Estadio Mussolini de Turín, el más grande de Italia, donde hubo 55 000 espectadores, según las ventas de entradas. Ningún otro estadio italiano habría podido acoger un acontecimiento semejante, ni siquiera el San Siro o el Littoriale, el estadio futurista de Bolonia.

El partido en Turín contra Italia fue el primero de la selección austriaca, mientras que Italia ya había jugado cuatro partidos y era primera en la tabla con pleno de puntos. A pesar de la ausencia de Matthias Sindelar, el *Wunderteam* se impuso por 4-2, sobre todo gracias al triplete de Karl Zischek. En sustitución de Sindelar llegó Franz Binder, un joven delantero que solo había debutado con la selección el año anterior en un amistoso contra Bélgica y que ya había empezado a hacerse un nombre en su club, el Rapid. Fue él quien marcó el otro gol de los austriacos. El primer gol llegó gracias a un esquema ofensivo de intercambios rápidos entre Bican, el debutante Kaburek y Viertl, una combinación que demostró lo bien que el *Wunderteam* era capaz de expresar su juego incluso en ausencia de ciertas figuras que hasta hacía un tiempo se consideraban imprescindibles.

Las elecciones de Hugo Meisl se confirmaron también en el siguiente partido contra Suiza: Sindelar fuera y Bican dentro, así como Binder y Kaburek. Austria ganó un partido más complicado de lo esperado (3-2), pero el doblete de Josef Bican dio crédito a la elección de Meisl en la línea de ataque, juntando a Binder y Kaburek en lugar de Sindelar, ya con más de 30 años y problemas en la rodilla.

Los experimentos de alineación que Hugo Meisl estaba llevando a cabo no eran solo para la Copa Internacional: el seleccionador también estaba pensando en una revolución técnica con vistas a la Copa del Mundo. La idea de deshacerse de Sindelar, además, no era definitiva. Reapareció en el 11 inicial en el partido amistoso contra Hungría, que ganaron por 5-2. Aunque no marcó, la estrella del Austria Viena fue protagonista de varios de los goles y se convirtió en titular durante el Mundial.

El 14 de octubre de 1934 —cuatro meses después de la finalización de la Copa del Mundo— Austria volvió a jugar la Copa Internacional, pero no pasó del decepcionante empate 2-2 en casa contra Checoslovaquia. Aunque el equipo checoslovaco fue subcampeón del mundo, los periódicos se indignaron por este revés. La sensación fue que la era del *Wunderteam* estaba llegando a su fin. Austria había perdido la oportunidad de acortar distancias con Italia en la clasificación, y los periódicos austriacos, ya indignados por la derrota en la semifinal del Mundial, no habrían tolerado una segunda victoria italiana en otra competición internacional.

Las esperanzas de Austria de defender su título de la edición anterior se vieron mermadas por la derrota por 3-1 ante Hungría. Con el 2-1, los austriacos se quejaron de un gol anulado a Matthias Sindelar. El árbitro había pitado *off side*, pero los jugadores de Meisl estaban convencidos después del partido de que el árbitro se había equivocado. Los periódicos, en cambio, fueron directo: atacaron al equipo y no dejaron de señalar la mala forma de Sindelar, alegando que necesitaba descanso y le faltaba dinamismo.

Un mes más tarde, el *Wunderteam* —para algunos, el antiguo *Wunderteam*— derrotó a Suiza por 3-0 en la última salida de 1934, un año que había sido intenso y agotador, como siempre.

El 24 de marzo de 1935, en Viena, Italia y Austria, separadas por un punto en la clasificación a favor de la selección de Pozzo, disputaron un gran partido que iba a resultar decisivo. En realidad, el partido debería haberse celebrado el 17 de febrero, pero al ser el aniversario de la Guerra Civil del año anterior, la cancillería austriaca había decidido posponerlo. Los aficionados italianos acudieron en masa al partido, mientras que las autoridades austriacas expresaron su preocupación por las posibles manifestaciones antiaustriacas y antiitalianas organizadas por los nacionalsocialistas. Dichos disturbios no ocurrieron, a pesar de que la policía informó de que miembros de las entonces ilegales SA habían comprado hasta 12 000 entradas para desafiar a la selección italiana en el estadio. Según estos informes, la operación fue financiada por Berlín y, además de lanzar cohetes para formar una bandera con una esvástica gigante justo antes del partido, contó con la participación de miembros de la izquierda, también opuestos al gobierno austriaco.

Pero ninguna de estas preocupaciones se materializó. El peligro se evitó a pesar de las seis detenciones provocadas por los abucheos a los agentes de la Heimwehr, la milicia paramilitar austriaca. La victoria italiana –gracias a los goles de Ferrari y Piola– puso un serio obstáculo al triunfo en la competición. Italia lideraba ahora la clasificación con diez puntos, mientras que Austria se mantenía con siete. El retraso en la clasificación respecto a sus rivales italianos tuvo probablemente un efecto psicológico: Austria empató sus dos últimos partidos, 0-0 contra Checoslovaquia en Praga y 4-4 contra Hungría en Viena. Italia, a pesar de haber sumado solo un punto en los dos partidos restantes, mantuvo su liderazgo y ganó la segunda Copa Internacional de su historia.

En Italia, la victoria adquirió connotaciones políticas en la misma medida que la Copa del Mundo ganada el año anterior. Al día siguiente del empate 4-4 entre Austria y Hungría, un periódico italiano destacó la presencia en las gradas de representantes de las tres naciones fascistas, como la condesa Edda Ciano, los representantes húngaros, Ugo Meisl –escrito deliberadamente o por error sin la H inicial– y el Dr. Eberstallen –en lugar de Eberstaller–, sin mencionar en ningún momento a los miembros de las delegaciones checa y suiza. Irónicamente, Meisl propuso cambiar el nombre de la competición por el de Copa Mussolini.

V

La última edición antes del estallido de la Segunda Guerra Mundial tuvo el mismo escenario: cuatro de los equipos más fuertes del mundo compitiendo por el título de mejor nación europea. El *Wunderteam*, de hecho, había iniciado la espiral descendente de su ciclo. El propio Hugo Meisl dijo que la selección austriaca necesitaba una renovación, pero que esta llevaría tiempo.

Los experimentos que Meisl había llevado a cabo en los dos amistosos previos al inicio de la competición incluían una joven delantera formada por Bican, Binder, Hahnemann —El Gitano, como le apodaban por sus rasgos somáticos, aunque en realidad procedía de una familia vienesa— y jugadores más experimentados como Smistik, Sesta, Zischek y Urbanek. Matthias Sindelar ya no aparecía; Meisl había decidido que también era hora de que colgara los zapatos.

Desde el punto de vista político, los objetivos expansionistas de Hitler hacia la vecina Austria habían empezado a minar el clima político de Viena. Además, a partir de 1936, el apoyo italiano a la independencia de Austria flaqueaba. Un año antes, Mussolini había desviado su atención a cuestiones de política exterior, y el 5 de mayo de 1936 Badoglio[6] llegó a Addis Abeba para poner fin a la guerra colonial en Etiopía.Austria comenzó con un empate en casa contra Checoslovaquia (1-1), al que siguió, dos semanas después, una derrota por 5-3 contra Hungría en Budapest en la que Bican marcó su último gol con la selección austriaca. Entre la derrota contra Hungría y el tercer partido contra Suiza hubo dos amistosos: el partido de lujo contra los ingleses, una especie de revancha exitosa del partido de cuatro años antes, y uno contra Italia. En los amistosos, Meisl reintrodujo a Sindelar, que participó en ambos partidos.

El 8 de noviembre de 1936 Austria jugó su tercer partido contra Suiza y logró su primera victoria. Fue el último partido oficial de Hugo Meisl, el penúltimo en total. El entrenador austriaco fallecería el 17 de febrero de 1937, menos de un mes después del partido amistoso contra Francia. En su ausencia fue el presidente de la ÖFB, Richard Eberstaller, quien se hizo cargo de la selección austriaca antes de contratar a un sucesor. Él seleccionó el 11 que se enfrentaría a Italia el 21 de marzo en Viena.

Tras un minuto de silencio en memoria de Hugo Meisl comenzó la verdadera batalla. Viena se vio afectada por el mal tiempo y el público se mostró molesto por el retraso en el inicio del partido. Tras una primera media hora sin especial emoción, el partido se

---

6   Pietro Badoglio (28 de septiembre de 1871-1 de noviembre de 1956) fue general y estadista durante la dictadura de Benito Mussolini (1922-1943). En septiembre de 1943 sacó a Italia de la Segunda Guerra Mundial al concertar un armisticio con los Aliados.

calentó. Hubo muchas intervenciones duras por parte de ambos bandos, en parte por las condiciones del terreno de juego y por la ineptitud del árbitro sueco Olsson, según fuentes austriacas e italianas.

Tras el gol de la ventaja austriaca marcado en torno al minuto cuarenta por Jerusalem, los italianos no contuvieron su fervor agónico y se inició una trifulca que se prolongó durante varios minutos. El italiano Corsi y Jerusalem fueron quienes pagaron el precio: este último recibio un patada de Andreolo, después del pleito ambos se incorporaron al juego tras recibir la asistencia necesaria. Ya con ambos en el terreno, Jerusalem se vengó dando una patada a Serantoni con el balón lejano y fue expulsado. Antes de comenzar la segunda parte, el árbitro amenazó con suspender el partido si los dos equipos no se calmaban.

Sin embargo, la batalla se reanudó sin tapujos y hasta los aficionados empezaron a involucrarse: los seguidores italianos, tras ser rodeados e insultados, respondieron de la misma manera. En el minuto 18 de la segunda parte, Austria dobló el marcador. Colaussi —cuyo apellido Colàusig de Trieste se había italianizado— cometió una falta en el área y Stroh marcó el 2-0 para los austriacos. Los puñetazos continuaron incluso después de que Austria hubiera redondeado su ventaja, con una carga contra el portero italiano Olivieri y otra falta de Colaussi contra Stroh.

El árbitro abandonó el campo y detuvo el partido. Fue la primera vez en la historia que se suspendió un partido internacional antes del pitido final. Los enfrentamientos en el terreno de juego se calmaron, pero continuaron en las gradas. De hecho, las hostilidades entre los hinchas austriacos e italianos habían comenzado mucho antes de que el árbitro pitara el final: los hinchas italianos habían estado gritando a los vieneses desde los autobuses que los acompañaban al estadio, y al final del partido algunos de ellos fueron detenidos por hinchas austriacos. Entre los italianos detenidos estaban los 105 hinchas del Trieste que habían acudido con el barón Albori, quien se había peleado con un hincha rival durante el partido y luego fue agredido por una anciana armada con un paraguas. Escoltados por la policía, los hinchas italianos —16 de ellos heridos— consiguieron abandonar Viena.

A su regreso a Italia, Albori escribió una carta al embajador italiano en Viena, Francesco Salata, en la que denunciaba el compor-

tamiento de la policía de aquel país, que según él era incapaz de mantener el orden y salvaguardar la seguridad de los aficionados italianos.

Al mismo tiempo se libraba en España la batalla de Guadalajara, en la que los milicianos fascistas italianos que habían acudido en ayuda de los rebeldes franquistas salieron derrotados, y en Viena no faltaron quienes aprovecharon la ocasión para subrayar las similitudes entre la derrota deportiva y militar sufrida por la Italia fascista. Valentin Gelber, abogado socialista y antifascista, imprimió 500 panfletos con el título *Die Schlacht von Guadalajara im Wiener Stadion* –que traducido al español sería *La batalla de Guadalajara en el estadio de Viena*– que se publicaron y vendieron en las librerías locales.

La federación decidió que se repitiera el partido, pero los austriacos, sintiéndose despojados de una merecida victoria, se negaron. El partido se anuló como si nunca se hubiera realizado y no se concedieron puntos. Este iba a ser el último partido entre Italia y Austria antes del *Anschluss*.

Sin embargo, la rivalidad continuó en la Copa Mitropa. Hacia el final del partido de ida entre el Genoa 1893 Cricket and Football Club –actualmente Génova– y el Admira se pitó un penalti a favor del Admira que hizo estallar a los italianos. La rabia y el nerviosismo se apoderaron del juego y uno de los jugadores del Génova, Morselli, acabó con una triple fractura de mandíbula.

Mussolini prohibió el partido de vuelta, pero la formación vienesa solo fue informada de esta decisión a su llegada a Klagenfurt. Los austriacos llegaron a Venecia de todos modos, con la esperanza de que el Duce entrara en razón. En vano. El equipo nacional austriaco recibió la orden de abandonar Italia en un plazo de 24 horas.

Antes de que se produjera el *Anschluss*, la selección austriaca disputó otros tres partidos de la Copa Internacional, con una victoria por 4-3 contra Suiza y dos derrotas contra Hungría y Checoslovaquia.

El último partido, antes de la suspensión del torneo, fue el Suiza-Checoslovaquia y se jugó el 3 de abril de 1938. Así, el evento finalizó prematuramente con Hungría a la cabeza, seguida de Italia, un punto detrás, pero con tres partidos más por jugar.

La invasión nazi de Austria también impidió que las federaciones italiana y austriaca reforzaran sus relaciones. Starace, como direc-

tor deportivo, había organizado un partido amistoso entre los dos equipos en otoño de 1938 para olvidar los disturbios de Viena y Génova, pero el partido no llegó a disputarse porque para ese entonces Austria había dejado de existir como Estado independiente.

Mientras que la Copa Internacional se interrumpió bruscamente, la Copa Mitropa iba a continuar durante otros dos años sin la participación de equipos austriacos, aunque inicialmente se había sugerido que pudieran participar equipos de la recién fundada Ostmark o que la competición se ampliara para incluir a equipos alemanes. Sin embargo, la DFB, fiel a los principios del fútbol *amateur*, se negó. Subrayó que no quería participar en un concurso "inventado por un judío".

Curiosamente, la edición de 1938 de la Copa Mitropa, la primera de la historia sin Austria, la ganaría el Slavia de Praga, liderado por los goles de un jugador que solo un par de años antes vestía la camiseta blanca de la selección austriaca: Josef Bican.

En 1948 la Copa Internacional se recuperó para dos ediciones más. El formato y los contendientes no han cambiado, aunque estas dos últimas ediciones han durado bastante más que las anteriores. Lo que sí había cambiado sustancialmente era la alineación de estrellas europeas que se enfrentaron durante el evento. Uno de ellos, un joven Ferenc Puskás, contribuiría con sus diez goles en el primer y último triunfo de Hungría en la edición de 1948-1953.

La última edición —en la que también participó Yugoslavia— fue rebautizada como Copa Dr. Gerö en honor al antiguo presidente de la Asociación de Fútbol de Viena, que se había convertido en presidente de la ÖFB tras el final de la Segunda Guerra Mundial y que había fallecido un año antes del comienzo de la edición. Se disputó entre 1955 y 1960 y fue ganada por Checoslovaquia, aunque un acontecimiento histórico influyó de forma decisiva en el resultado: Hungría, que terminó segunda, había perdido a varios de sus jugadores clave tras la revolución húngara de 1956, quienes contribuyeron a la victoria en la edición anterior, y que casi quedan fueran la final de la Copa del Mundo. Los jugadores más conocidos —Puskás, Czibor y Kocsis—, encontraron refugio en España, donde harían fortuna en el Real Madrid y el Barcelona.

Fue la última edición de la Copa Internacional y sería la precursora de los actuales Campeonatos de Europa, más inclusivos y con, al menos en su primera edición, un formato de eliminación directa sin grupos. La idea surgió de Henri Delaunay, nombrado secretario general de la UEFA en 1954 y que, junto con Hugo Meisl, soñaba desde 1927 con crear una competición europea en la que participaran todas las selecciones nacionales del continente. Sin embargo, Delaunay falleció al año siguiente y no pudo asistir a la primera edición de los Campeonatos de Europa, celebrada en 1960.

CAPÍTULO 6

MATTHIAS SINDELAR, EL MOZART DEL FÚTBOL

"La tradición futbolística vienesa había estado produciendo estrellas desde los días en que los ingleses exportaron el fútbol a Viena. Después de los primeros años, los jugadores austriacos empezaron a aparecer en los principales clubes junto a sus homólogos británicos, de quienes aprendieron las principales reglas del juego. Pronto formarían una selección nacional que se convertiría en la más fuerte del Imperio austrohúngaro y en uno de los equipos más exitosos de la época. Los primeros favoritos del entonces reducido público fueron Ludwig Hussak y Johann Studnicka, símbolos del Vienna Cricket and Football Club y del WAC, los clubes más exitosos de la época. Luego había estado Josef Uridil, el Tanque, cuya popularidad, sin embargo, nunca tuvo un eco internacional. Finalmente, llegó Matthias Sindelar, en un momento en que la fiebre del fútbol se había desatado en Viena gracias a la aparición de las competiciones internacionales. Alfred Polgar, uno de los máximos exponentes del modernismo austriaco, lo describió así: 'Jugaba al fútbol como un maestro de ajedrez mueve sus peones, con una visión tan amplia que podía calcular y anticipar jugadas y contramarchas, eligiendo siempre la mejor opción. Poseía un control del balón sin parangón, combinado con la capacidad de armar contraataques sorpresa, además de ser increíblemente bueno para burlarse de los rivales con fintas. En otras palabras, sus piernas parecían tener también un cerebro'. La asociación con un ajedrecista no es casual: Viena fue el lugar de nacimiento de Carl Schlechter, uno de los mejores ajedrecistas internacionales. Y Sindelar, o Motzl, jugaba con el cerebro antes que con los pies. La comparación con Schlechter fue solo una de las muchas, y ni siquiera la más popular. Para la mayoría, Sindelar habría sido el Mozart del fútbol".

I

Matthias Sindelar –conocido en Viena por varios apodos como Sindi, Motzl o Der Papierene, es decir, el Hombre de Papel – nació el 10 de febrero de 1903 en Kozlov (Kozlau en alemán), un pequeño pueblo del sur de Moravia, cerca de la ciudad de Jihlava –o Iglau–, cuya lengua principal era el alemán.

Como otras familias de Moravia, Bohemia y Hungría, los Sindelar –su padre, Johann, era albañil y su madre, Marie, lavandera– se trasladaron a la capital imperial en 1905 en busca de fortuna. Se instalaron en Favoriten, un suburbio del sur de Viena, a lo largo de la Quellenstrasse, en un barrio poblado durante mucho tiempo por cientos de miles de albañiles bohemios y moravos. Aquí se dice que Sindelar asistió a la escuela de Janos Komensky.

Motzl solía jugar con sus compañeros en las calles de su barrio. Se las arreglaban montando los entonces populares *Fetzenlaberl,* balones de fútbol hechos a mano y sin elasticidad, normalmente hechos con trapos atados. Fue en las calles, en los jardines y en los aparcamientos abandonados donde el débil y desnutrido Motzl empezó a desarrollar su extraordinario talento para el balón.

Fue en estos años, gracias a una generación de jóvenes hambrientos que crecieron en los alrededores de la capital austriaca, cuando empezó a tomar forma el estilo de juego caracterizado por la agilidad y el refinamiento, que pasaría a la historia como *Scheiberlspiel* y que gozaría de un amplio reconocimiento internacional durante la década de 1930, siendo rebautizado como *escuela vienesa.* Sindelar no sería el único intérprete, pero sí el principal.

Cuando Johann Sindelar murió en el Isonzo en 1917, Marie se vio obligada a mantener sola al pequeño Matthias y a sus tres hermanas. Ese mismo año, Sindelar, con solo 14 años, encontró empleo como aprendiz de herrero. Y un año más tarde –como contaría el futbolista–, el talento de Motzl fue advertido por Febus, directivo del Hertha de Viena, en una de las ocasiones en que los alumnos de la escuela de Favoriten podían jugar en el campo de entrenamiento local, a un paso de donde vivía la familia Sindelar. Sin embargo, no podemos descartar que las cualidades de Sindelar hayan sido notadas antes: los jardines y aparcamientos eran escenario de partidos entre jóvenes, y además de ser patrullados para impedir el uso de balones en zonas prohibidas o peligrosas, también eran observados por los principales equipos de la capital.

Así, Sindelar fue fichado por el Hertha de Viena, un club conocido por ser una auténtica cantera de futuros campeones para los grandes del fútbol vienés. El 26 de mayo de 1918, Sindelar, de 15 años, firmó su primer contrato.

El Hertha de Viena fue un club fundado en 1904 como Allgemeine Sport-Verein Hertha, tras la escisión de otro equipo de Favoriten, el Rudolfshügel. Tanto el Hertha como el Rudolfshügel participaron en el primer campeonato oficial de primera división en la temporada 1911-1912, pero terminaron en tercer y penúltimo lugar respectivamente. La tendencia negativa del Hertha continuó hasta el final de la Gran Guerra, con la excepción de un quinto puesto al final de la temporada 1914-1915.

Entre las temporadas 1915-1916 y 1917-1918, el Hertha no descendió debido a que en los años de guerra el formato de la liga austriaca no preveía ascensos y descensos. Durante esos años, el campo del Hertha de Viena se utilizó como base militar, y el club tuvo que utilizar las instalaciones de Rudolfshügel. A partir de 1917 el club volvería a sus propios terrenos construidos a lo largo de la Quellenstrasse, la misma calle donde vivía la familia Sindelar. A lo largo de los años siguientes se ampliaron las gradas, se niveló el terreno de juego y se añadieron otras instalaciones, a pesar de que todo ello supuso un importante desembolso.

La llegada de Sindelar estuvo relacionada con los malos resultados del club: debido a estos, la dirección del Hertha había empezado a recibir grupos escolares en sus instalaciones con el objetivo de encontrar nuevos talentos. Esta estrategia dio sus frutos: en 1920 el club quedó quinto, y al año siguiente decidió integrar a algunos de sus jugadores juveniles en el primer equipo. Sindelar estaba entre ellos y debutó el 8 de octubre de 1921 en el partido fuera de casa contra el Wacker.

Rudolf Kilka, el entonces entrenador del Hertha, había decidido apostar por él, debido al bajo rendimiento de algunos de los delanteros titulares. Sin embargo, Sindelar solo jugó 30 minutos en ese partido, pues se interrumpió debido a una tormenta eléctrica; el tiempo restante se jugó unos cuatro meses después, pero Sindelar no fue alineado.

Ese año, Sindelar jugó ocho partidos sin marcar. Su primer gol oficial llegaría la temporada siguiente, el 10 de septiembre de 1922, en el empate 2-2 contra el Admira. Sin embargo, no hay registros de este gol: los periódicos estaban en huelga y nadie informó de los hechos del partido.

Al principio de la temporada, varios delanteros habían abandonado el club y el entrenador contaba con dar más espacio a Sindelar y Holy, los jovenes más prometedores del club. Tras su primer gol, el nombre de Matthias Sindelar empezó a resonar en el café Walloch y en el restaurante Rosensäle, dos de los principales lugares de encuentro de los aficionados del Hertha.

Durante los dos años siguientes, el club se mantendría en primera división a pesar de sus malos resultados. En 1923, entre otras cosas, Sindelar fue aclamado por la prensa a pesar de la derrota por 3-2 contra el Rapid, ya que había marcado un buen gol.

En mayo de ese mismo año, la carrera de Sindelar tuvo un revés al sufrir una grave lesión —no la única de su carrera—, mientras nadaba en la piscina municipal de su localidad. Tuvo que permanecer sentado durante varios meses y observar a sus compañeros desde la barrera. Por si fuera poco, fue despedido junto con otros 300 trabajadores de la empresa Österreichischen Werke G. A. (ÖWA), fabricante de automóviles, a causa de la crisis. ÖWA lo había contratado apenas unos meses antes.

Sindelar volvió a los terrenos de juego en la segunda mitad de la temporada, pero sin resultados notables. Terminó la temporada sin marcar gol y el Hertha descendió a la segunda división.

Mientras tanto, se habían realizado obras en el estadio para aumentar su capacidad a 30 000 personas, aunque las cifras indicaban que la asistencia a los partidos no superaban los 8 000. La lógica de esta inversión era que el estadio también se utilizaría para otros partidos y eventos, pero los costes nunca llegarían a amortizarse.

Al deteriorarse las finanzas del club, Sindelar fue puesto en venta junto con otros dos compañeros, Schneider y Reiterer. Los tres fueron adquiridos por el Wiener Amateur Sportverein, conocido como Amateure, por 3 000 chelines. Aunque inicialmente la dirección del Hertha pretendía vender solo a Sindelar por esa cantidad, los directivos del Amateure, conscientes de la precariedad económica del club de Favoriten, consiguieron incorporar a Schneider y Reiterer en la operación. Wolfgang Hafer, nieto de Hugo Meisl, afirma que su abuelo estaba detrás de la compra de Matthias Sindelar y que llevaba varios años controlando al jugador.

Los únicos recelos que tenía la dirección sobre esta compra eran de carácter físico, ya que el jugador venía de una grave lesión y sus problemas de rodilla se habían agravado. Emanuel Schwarz, médico y vicepresidente del club, encargó a su colega Hans Spitzy que operara la rodilla del jugador. La operación fue un éxito, pero a partir de entonces Sindelar aparecía a menudo con un enorme esparadrapo blanco en la rodilla, un rasgo visible en varias fotografías de la época.

II

Cuando adquirió a Sindelar, el equipo blanquivioleta –apodado *Die Veilchen*, los violetas– atravesaba una transición y acababa de vender al legendario delantero Kalman Konrad, que junto con su hermano Jeno había decidido abandonar el club. El debut oficial de Sindelar en el Amateure ocurrió el 5 de octubre de 1924 contra el First Vienna. Sindelar no marcó, pero tuvo la oportunidad de compararse con Friedrich Gschweidl, uno de los atacantes con los que competiría como delantero centro de la selección en los siguientes años. Un mes después, Sindelar marcó su primer gol con su nueva camiseta en el partido contra el Hakoah, tras finalizar una combinación iniciada por Schaffer y Neumann.

Ese año, sin embargo, se le escapó por poco el título de campeón de Austria. Habría ido al Hakoah de Viena en virtud de la derrota del Amateure contra el Wiener AC. Al año siguiente sería Amateure quien ganaría, pero Sindelar no tendría protagonismo, pero ese sería el único título de de campeón de primera división en su carrera.

Sindelar se haría un nombre en la temporada 1926-1927, cuando finalmente destacaría, convirtiéndose en el símbolo del Amateure, a pesar de que el club terminó séptimo y perdió la final de la Copa de Viena contra el Rapid. No obstante, a título personal, Sindelar jugaría con regularidad y marcaría 18 goles en un total de 23 partidos. Desde entonces, sus etapas favoritas con la camiseta del club serían la Copa de Viena –más tarde rebautizada como Copa de Austria– e internacionalmente la Copa Mitropa, que ganó en 1933 y 1936.

La Copa Mitropa consagró a Sindelar como el mejor jugador europeo de su tiempo. Tras su victoria por 3-0 sobre la Juventus en la ida de la semifinal de 1933, La Stampa comentaba:

"Los austriacos tenían un artista en Sindelar. Teniendo en cuenta el resultado obtenido por Austria, si juegan el partido de vuelta como lo han hecho hoy, la Juventus tendrá grandes problemas".

Fue durante este periodo cuando recibió el apodo de *Der Papierene*, es decir, el Hombre de Papel. Hay dos versiones sobre el origen del apodo: la primera atribuye su invención a un aficionado austriaco, Felix, que al observar a Sindelar a menudo en el suelo lesionado, se burló de su fragilidad; la segunda, atribuye el apodo a Hugo Meisl, que a menudo destacaba el estilo ágil y elegante de Sindelar.

La opinión de que Sindelar era el mejor futbolista de la época era compartida por periodistas, compañeros de equipo y rivales. En más de una ocasión se le comparó con Giuseppe Meazza, su principal rival por el cetro de mejor jugador del continente durante la década de 1930, aunque la preferencia por uno u otro estaba trastocada por la nacionalidad del periodista en cuestión. Por ejemplo, el famoso periodista de *La Stampa,* Luigi Cavallero, tras el partido de ida de la final de la Copa Mitropa de 1933, que ganó el Ambrosiana, analizó el duelo entre ambos con las siguientes palabras:

"Quien haya esperado este partido para comparar a los dos hombres que compiten por el premio al mejor jugador internacional, seguramente se habrá sentido decepcionado. ¿Cómo se puede juzgar a dos jugadores tan diferentes? Meazza es astuto, virtuoso y hábil, mientras que Sindelar es impetuoso y decisivo (...). Pero podemos decir con los ojos cerrados que la clase de Meazza supera a la de Sindelar, independientemente de lo que se diga en Viena, donde el jugador estrella del Wunderteam es considerado el campeón por excelencia".

Otro delantero que dominó la escena en esos años fue el belga Raymond Braine, estrella del Sparta de Praga. Sindelar y Braine se enfrentarían en más de una ocasión en la Copa Mitropa. El *Sport-Tagblatt* hizo una comparación antes de la final de 1933:

"Sindelar y Braine son dos grandes líderes. El belga juega a un ritmo lento, mientras que Sindelar es un jugador más ágil y creativo. Braine es más fiable a la hora de rematar, mientras que Sindelar tira más en virtud de la inspiración repentina, lo que le hace aún más temible".

Ernst Reitermaier, antiguo delantero del Wacker Wien, dijo en una ocasión de Sindelar:

"Cuando quería moverse a la izquierda, amagaba con hacerlo a la derecha. Siempre hacía lo contrario de lo que esperaba el adversario". Otto Fodrek, otra leyenda del Wacker Wien, se limitó a describirlo con un par de palabras: "Un fenómeno". Tras la victoria por 4-0 en un amistoso contra Francia, en el estadio del Parque de los Príncipes, el delantero de la selección francesa, Paul Nicolas, dijo que de todos los miembros del *Wunderteam*, el que más le impresionó fue Sindelar, por su capacidad de llevarse bien con sus compañeros pero al mismo tiempo de influir en el juego a través de sus virtudes individuales.

Sindelar se convirtió en el delantero centro y símbolo del Austria Viena, un club tradicionalmente asociado a la burguesía judía liberal, que frecuentaba la vida *bohemien* y los cafés de la metrópoli, y que pasó a llamarse *Die Veilchen* en 1926. Con el tiempo, varios clubes, conscientes de la precariedad económica del Austria Viena, común a muchos clubes del periodo de entreguerras, intentarían hacerse con los servicios del jugador. Llegaron ofertas del Rapid, que estaba dispuesto a pagar 35 millones de coronas; del Arsenal, que puso 40 000 libras; del Charlton Athletic, a través del entrenador inglés Jimmy Seed, y, finalmente, del Slavia de Praga, que buscaba un sustituto para el legendario delantero František Svoboda. Pero Motzl rechazó todas las ofertas; se convertiría en el buque insignia del Austria Viena y en uno de los jugadores más populares de la historia del club, sino el que más.

Su carrera con el club terminó el 11 de diciembre de 1938, cuando jugó su último partido oficial con la camiseta blanca y violeta, aunque Sindelar jugaría su último partido contra el Hertha de Berlín el día de San Esteban. A partir de entonces, el joven delantero Johann Safarik ocuparía regularmente el lugar de Sindelar, y el Austria Viena pasaría a llamarse FK Ostmark Wien durante unos meses. El fútbol austriaco había vuelto a ser *amateur*, esta fue la voluntad del Reich que rebautizó el campeonato austriaco como *Gauliga Ostmark*, un torneo regional al final del cual el ganador participaría en el campeonato alemán. Además, los nazis obligaron a los gerentes judíos de Austria Viena a dejar sus puestos de trabajo. El primero en sufrirlo fue el presidente Emanuel Schwarz, con quien Sindelar siempre había mantenido una relación de respeto mutuo, casi de amistad. En una carta que le escribió:

“El nuevo Führer de Austria Viena nos ha prohibido saludarla, pero siempre querré decir ‘Buenos días’ cuando tenga la suerte de encontrarme con ella”.

Según una divertida anécdota, en una ocasión Sindelar se dirigió a Schwarz y le preguntó si tendría la amabilidad de adelantar parte de su sueldo para pagar algunos gastos importantes. Schwarz le preguntó cuánto, a lo que Sindelar respondió sonriendo: 20 chelines.

III

Sindelar no era el único pilar del *Wunderteam* cuyo talento había brotado en los infames suburbios de la capital. Varios miembros de la futura selección austriaca tenían una historia similar detrás: de niños habían tenido que arreglárselas en las calles y callejones utilizando postes de luz como portería y pelotas de trapo atadas con un nudo.

La mayoría de las veces, la práctica del fútbol provocaba conflictos con la policía, los vigilantes de los aparcamientos y cualquier persona encargada de vigilar los espacios públicos. La irreverencia y la aversión a las autoridades, junto con la sensación de tener que luchar siempre por algo, fue probablemente la base del estilo de juego que marcaría el fútbol vienés durante años, la marca conocida como *escuela vienesa*.

El primer ídolo de las multitudes vienesas fue Josef Pepi Uridil, apodado El Tanque, un chico que, como Matthias Sindelar, era hijo de emigrantes que se habían trasladado a los suburbios vieneses, y que se convirtió rápidamente en un icono del Rapid. La fama de Sindelar, sin embargo, iría mucho más allá que la obtenida por Uridil: se convertiría en el artista del *Wunderteam*, el jugador que más que nadie encarnaría su estilo de juego.

Nadie como él mostró mejor el arte del fútbol vienés de la época, caracterizado por una técnica sofisticada, movimientos inteligentes y pases bajos precisos. Según los cronistas de la época, Sindelar “leía el juego como los actores leen sus guiones, dirigía a su equipo como los más grandes compositores de música clásica dirigían a sus orquestas, y escribía borradores y relatos en el terreno de juego como lo hacían las celebridades literarias en los cafés de Viena”.

Debutó con la camiseta blanca de Austria el 28 de septiembre de 1926 contra Checoslovaquia, donde Sindelar marcó el gol de la victoria por 2-1. Sin embargo, entre 1928 y 1931, Sindelar solo fue convocado una vez. A raíz de un desencuentro con Hugo Meisl al final de un partido amistoso que terminó con una dura derrota ante una selección alemana, el entrenador, molesto por la actitud del jugador, decidió apartarlo durante algunos partidos. De hecho, Sindelar no fue el único que sufrió las consecuencias: el primer delantero vienés Fritz Gschweidl también fue castigado. A pesar de ello, ambos volverían a ocupar el centro del ataque del *Wunderteam* a principios de la década de 1930, cuando Meisl regresó a Viena tras una enfermedad que le había mantenido alejado del banquillo de la selección.

Sin embargo, Meisl seguía dudando de utilizar a Sindelar y en más de una ocasión prescindió de él. Después de algunas exclusiones, Sindelar volvió al centro del ataque de su equipo en una ocasión muy especial: el partido amistoso contra Escocia en el estadio Hohe Warte de Viena el 16 de mayo de 1931, que terminó 5-0 a favor de los austriacos. Sindelar marcó el gol de la victoria y tuvo una brillante actuación. Fue entonces cuando la selección nacional austriaca pasó a ser conocida como el *Wunderteam*, y Sindelar fue su cara principal.

En los 11 partidos siguientes, el *Wunderteam* se mantuvo invicto, ganando en nueve ocasiones y empatando en dos. Esta racha positiva duraría un año y medio. En los periódicos austriacos, al día siguiente de los partidos, las discusiones se centraban invariablemente en el juego de equipo de los hombres de Meisl y, en el plano individual, en las fintas, los trucos imprevisibles y cambios de dirección desplegados por la estrella del equipo, que ningún defensa rival parecía ser capaz de predecir o anticipar. Sindelar –que había ascendido definitivamente en la jerarquía de su entrenador después de esta actuación– condujo a su equipo nacional a una serie de éxitos extraordinarios, a menudo con resultados similares a los del tenis.

Su fama también creció fuera del campo de juego. Al igual que Uridil antes que él se convirtió en un verdadero icono. Fue elegido como imagen para relojes de pulsera y productos lácteos, incluso protagonizó una película basada en un artículo llamado *Roxy und Das Wunderteam*, o sea, Roxy y el *Wunderteam*. También como se antecesor, no se le subió a la cabeza. Se mantuvo muy apegado a su profesión y a su ciudad.

Su actuación fue decisiva en la conquista de la Copa Internacional 1931-1932: marcó cuatro goles y fue el segundo máximo goleador del equipo, después de Anton Schall, y solo había jugado cinco partidos, todos a partir de su hazaña contra Escocia.

Mientras se disputaba la Copa Internacional, Austria jugó un amistoso contra Hungría el 24 de abril de 1932. Este partido, que terminó 8-2 a favor de los austriacos, pasaría a la historia como la mejor actuación de Sindelar: marcó su segundo y último *hat-trick* con la camiseta de la selección y recibió muchos elogios. El seleccionador húngaro Lajos Máriássy, por ejemplo, dijo que Sindelar era un jugador "de clase superior". En la revista *Kicker,* el exjugador y exentrenador del Amateure, Johann Leuthe, escribió: "Sindelar demostró ser un delantero centro con una imaginación inimaginable para cualquier aficionado al fútbol". El *Reichpost* escribió que 60 000 personas aplaudieron a "este rubio delantero centro a costa de los mítines electorales", ya que ese día se celebraban elecciones municipales en Austria. Y añadía: "Solemos pensar en un jugador inglés como el prototipo del campeón, pero después de lo que vimos en el campo el domingo podemos decir que tenemos nuestra mejor versión austriaca en casa".

El punto álgido de Sindelar a nivel internacional se produjo cuando participó en la Copa del Mundo de 1934, a la que Austria llegó como una de las favoritas al título. Sin embargo, la competición no fue tan satisfactoria como Matthias y sus compañeros esperaban.

Sus actuaciones fueron más que positivas: en los octavos de final contra Francia marcó el gol del empate tras una escapada en solitario y asistió a Schall y Bican con motivo de los otros dos goles de los austriacos, mientras que en los cuartos de final fue elegido como el mejor de su equipo por el diario local *Il Tifone* y en la semifinal perdida contra Italia fue un referente absoluto para sus compañeros, que en más de una ocasión no aprovecharon sus pases.

Después de la competición, Sindelar se quedó en Milán para someterse a un examen para evaluar el estado de su rodilla. Mientras tanto, los demás miembros del *Wunderteam* habían regresado a Viena a toda prisa, en parte para olvidar la decepción deportiva y porque la temporada de fútbol seguía en marcha: la Copa Mitropa iba a comenzar unos días después, con los jugadores del Admira, el Austria de Viena y el Rapid compitiendo por el título contra sus rivales históricos.

A partir de entonces, los partidos de Sindelar con los colores de la selección austriaca fueron disminuyendo. Meisl decidió sustituirlo por Josef Bican, en parte por las repetidas lesiones que Sindelar había sufrido en la rodilla y en parte por la renovación que Meisl estaba promoviendo. También se incluyeron otros delanteros, aunque con menor frecuencia, como Binder, Donnenfeld, Walzhofer y Durspekt.

La última aparición de Sindelar en la Copa Internacional fue la derrota de la selección austriaca por 3-1 contra Hungría en Budapest. En esa ocasión, se le anuló un gol por un fuera de juego, que muchos dijeron que no existía.

El empate a 4 contra Hungría, el 6 de octubre, supuso un relevo: Josef Bican marcó un triplete y se consolidó en el centro del ataque. Debido a una lesión, Sindelar no participó en el partido de clasificación para el Mundial de 1938, que Austria ganó por 2-1 contra Letonia.

Entonces llegó el *Anschluss*, y con él el fin del *Wunderteam* y sus sueños de gloria. En 1938, cuando ya había colgado prácticamente los zapatos, Austria jugó *el Anschlussspiel*, o "partido de la conexión", contra Alemania el 3 de abril. Sindelar marcó, el *Wunderteam* ganó 2-0 y Herberger empezó a invitar a algunos jugadores del equipo a los entrenamientos que se celebraban en Alemania para seleccionar a los jugadores alemanes que participarían en el Mundial de 1938. Pero Sindelar siempre se negó, aduciendo como razón oficial sus repetidos problemas de rodilla.

IV

Sindelar nunca había apoyado a ningún partido en público, aunque algunos afirmaban que en privado no ocultaba sus inclinaciones socialdemócratas. Era tan popular en la "Viena roja" como en los suburbios católicos, monárquicos y reaccionarios. En aquellos años Viena estaba en crisis, pero en el mundo del fútbol, la capital austriaca había mantenido su reputación de ciudad pionera. Y Sindelar había tenido un papel importante en esto para todos.

A nivel personal, todos los informes y testimonios de la época señalan que Sindelar era un hombre tímido y de pocas palabras. No solía beber, pero a menudo se le pillaba fumando, incluso durante las concentraciones de la selección, a pesar de las prohibiciones de su entrenador. Tal y como relata Camilo Francka

en su libro *Matthias Sindelar: una historia de fútbol, nazismo y misterios*, Nortbert Lopper, antiguo directivo de Austria, contó en una ocasión:

> "Durante un partido contra Hakoah en 1937, Sindelar estaba sentado en el palco de prensa y yo tuve la suerte de estar en la fila de enfrente. Intercambiamos algunas palabras. Todavía recuerdo su tono de voz, en el que influyó mucho el hecho de que fumara mucho".

A Sindelar no le gustaban los focos. Cuanto más se alejaba de los micrófonos y los periodistas, más feliz era. El 7 de julio de 1932, el *Wunderteam* fue invitado a Estocolmo para disputar un partido amistoso. Antes del comienzo del partido, el rey Gustavo V de Suecia le preguntó si estaba disfrutando de su estancia en Estocolmo. Tras unos segundos de vergüenza, respondió tímidamente que sí. El monarca también le pidió que diera un discurso. Al final de su disertación, sus compañeros le preguntaron si se sentía honrado por la atención que le habían prestado y Sindelar respondió: "Sí, pero que uno se vea obligado a dar un discurso...".

Tras el *Anschluss*, los jugadores austriacos tuvieron que buscar un empleo remunerado, ya que el paso al fútbol *amateur* impedía a los clubes pagar a sus deportistas. Sindelar compró el Annahof, un café situado en la intersección de las calles Laxemburgerstrasse y Dampfgasse, en el barrio donde había crecido. Su rodilla pedía a gritos un descanso y el fútbol austriaco, que había retrocedido unos 15 años, ya no le motivaba.

Esto era señal de que Sindelar había decidido no abandonar Viena, a pesar de la invasión alemana y de las presiones para incorporarse a la selección nacional dirigida por Sepp Herberger. Y no solo con la compra del Annahof, Sindelar se había protegido económicamente tras su carrera como futbolista: era gerente de Pohl, una empresa local de artículos deportivos que producía, entre otras cosas, el balón WIPO-Sindelar, y había comprado una tienda de alimentación.

Además, en marzo de 1938, Thomas Kozich, uno de los tenientes del alcalde de Viena, nombró a Sindelar como director de la empresa encargada de gestionar la renovación del Prater, un cargo por el que el jugador mostró gran orgullo y felicidad. La vida avanzaba, a pesar de que su carrera futbolística quedaba atrás y Austria se había convertido en una colonia alemana de pleno derecho.

V

En la mañana del 23 de enero de 1939, Sindelar fue encontrado muerto junto a su acompañante, Camilla Castagnola, una chica con la que el exjugador llevaba unas semanas saliendo. Los cuerpos fueron encontrados en el piso de Castagnola en Annagasse. Los días siguientes al suceso se caracterizaron por todo tipo de especulaciones sobre lo sucedido: algunos hablaron de suicidio y otros de asesinato, aunque la policía del Innere Stadt del primer distrito de Viena afirmó que la causa principal de la muerte fue un escape de gas. Los investigadores de la Gestapo llegaron en un santiamén, probablemente por la notoriedad de las víctimas, e interrogaron a los vecinos, varios de los cuales señalaron que la estufa de los Castagnola llevaba días echando humo y gas. Egon Ulbrich, director del Austria de Viena y amigo íntimo del futbolista, reconstruyó los acontecimientos de la noche anterior:

> "Habíamos organizado una velada con varios amigos en el café Weidinger. Jugamos a las cartas toda la tarde y sorteamos mucho dinero. Creo que algunos de los amigos querían burlarse de Sindi, tal vez incluso engañarlo. Jugamos y bebimos toda la noche".

Después de la velada, Sindelar se dirigió a un piso de la Annagasse, donde vivía Camilla, su nueva pareja.

A lo largo de los años, circularon varios rumores infundados sobre Camilla Castagnola y Matthias Sindelar. Según algunos, Castagnola era una chica italiana y judía miembro del partido fascista hasta 1938, que Sindelar conoció hacia el final del Mundial de 1934, en el hospital donde Castagnola trabajaba. Según esta versión, los dos se trasladaron juntos a Viena, donde Camilla cambió de trabajo y se convirtió en profesora de italiano. Pero, a partir de 1938 comenzaron los problemas: debido a su religión, Camilla tuvo que dejar su trabajo.

Otra teoría, basada en el hecho de que Sindelar solo había mantenido relaciones amorosas improvisadas, sostiene que Castagnola era prostituta. Sin embargo, fuentes más fiables indican que era austriaca, nacida en Viena como Camilla Durspect, y que adquirió el apellido italiano tras su matrimonio con un inmigrante italiano, Mario Castagnola. Había sido enfermera, pero cuando Sindelar la conoció, Camilla era la propietaria del restaurante Zum Weißen

Rössel. Fue enterrada en el cementerio de Ottakring. Existen versiones que hablan de su carácter nervioso y posesivo, y afirman que en más de una ocasión llamó a Sindelar para que fuera a su restaurante.

Los que defendían la teoría del asesinato de la pareja argumentaban que los dirigentes del Tercer Reich no habrían digerido la supuesta falta de saludo del futbolista al final del *Anschlussspiel* y su posterior negativa a representar a la selección alemana en el Mundial. Dos de los intelectuales más importantes de la época, Friedrich Torberg[7] y Alfred Polgar[8], apoyaron la teoría del suicidio: en su famosa "Balada sobre la muerte de un futbolista", Torberg sostenía que Sindelar se había quitado la vida para no tener que seguir viviendo en la barbarie que reinaba en el fútbol austriaco. Polgar argumentó en la misma línea:

> "El buen Sindelar no se desprendió hasta su muerte de la ciudad de la que era hijo y orgullo. Todo apunta a una muerte causada por su lealtad a la patria. Vivir y jugar al fútbol en una ciudad tan atormentada, destruida y oprimida habría significado traicionarla. ¿Cómo se puede jugar en esas condiciones? ¿O vivir, cuando una vida sin fútbol no es nada?".

Otra hipótesis infundada que gozó de cierto protagonismo fue el asesinato a causa de su religión. Algunos escribían que Sindelar era judío, otros que tenía orígenes judíos y otros que la Gestapo investigaba su filiación. Así, se iniciaría una investigación, pero no se obtendría un resultado definitivo y oficial. Circularon libros, artículos y blogs con estas "pistas" y las hacían pasar por ciertas debido al vínculo indisoluble entre el jugador y su club, el Austria de Viena, y su innegable origen judío. Además, esta narración romantizaba la imagen de rebelde de un campeón cuyas hazañas se limitaban al terreno de juego.

Además, aunque la presencia judía en Moravia había crecido a lo largo de las décadas, y a finales del siglo XIX y principios del XX

---

7   Friedrich Torberg (Viena 1908-1979, en la misma ciudad) es el seudónimo literario de Friedrich Ephraim Kantor, escritor, periodista y editor austrocheco.

8   Alfred Polgar (Viena, 1875-1955) es el seudónimo del escritor y crítico austriaco Alfred Polak, nacido en Viena. Se crio en el seno de una familia judía de la pequeña burguesía. Vivió hasta 1933 en Viena y Berlín, y en 1940 huyó a los Estados Unidos, donde trabajó en Los Ángeles y Nueva York. Desde 1939 fue miembro del comité central de emigrantes austriacos, y durante muchos años consejero de los órganos establecidos en el exilio.

era la región del imperio donde más había arraigado el movimiento sionista —se fundaron varias fraternidades estudiantiles y universitarias basadas en la doctrina de Theodor Herzl[9]—, los rumores sobre la pertenencia de Sindelar a la comunidad judía local eran infundados, los rumores de que la familia Sindelar era judía no tenían sustento, ya que Sindelar no es un apellido judío y todos los documentos oficiales relacionados con el jugador o su familia eran inequívocos: Sindelar era católico.

Der Papierene no fue el único jugador cuyas raíces fueron supuestamente malinterpretadas: también se dijo que otros dos jugadores del *Wunderteam*, Camilo Jerusalem y Karl Zischek, eran judíos, aunque no hay fuente oficial que respalde esta versión. Entre 1931 y 1938, el único jugador judío convocado por Hugo Meisl fue Friedrich Donnenfeld, delantero del Hakoah de Viena. Otros jugadores judíos —también de Hakoah Viena— habían formado parte de la selección nacional austriaca, pero durante los años 20 y en una época en la que aún no se acuñaba el apodo de *Wunderteam*. Katz, Häusler, Scheuer, Grünwald, Fried, Neufeld —nacido Nemes— y Wortmann vistieron el maillot blanco. Grünwald, Häusler y Wortmann también marcarían en algunos partidos amistosos.

Entre los muchos mitos que habían proliferado estaba el de que el régimen nacionalsocialista había negado la autopsia de Sindelar. De hecho, la autopsia, realizada por el Dr. Schneider del Instituto de Medicina Forense de la Universidad de Viena, ocurrió el 26 de enero y confirmó que la causa de la muerte fue una intoxicación por monóxido de carbono con la consiguiente pérdida de sangre. La hipótesis de envenenamiento que se había barajado quedó definitivamente descartada.

La muerte del jugador a instancias del Reich fue solo uno de los muchos mitos que rodearon la figura de Matthias Sindelar, quien se convirtió en un héroe e icono de la resistencia sin desearlo. Simplemente fue un gran jugador, no el héroe que representaría en las décadas siguientes a su muerte.

VI

Cuando Sindelar compró el café Annahof el 15 de junio de 1938, lo adquirió de un ciudadano judío, Leopold Drill, cuyo negocio había sido arianizado. Drill supuestamente fue obligado a vender

---

9   Theodor Herzl. (Budapest, 1860-Edlach, Austria, 1904) Intelectual judío del imperio austro-húngaro, padre del sionismo político.

su negocio por mucho menos de su valor real. Sindelar, tras jurar que era de ascendencia aria, pagó 15 000 marcos en efectivo y los 5000 restantes en cuotas semestrales de 300, más el impuesto de arianización impuesto por el régimen nacionalsocialista, por un valor total muy inferior a la estimación de Drill de 54 000 marcos.

Bajo estas circunstancias, Sindelar se benefició de la situación, como muchos ciudadanos vieneses de la época. Karl Sesta, el otro presunto héroe del *Anschlussspiel* y amigo íntimo de Sindelar, se benefició de una situación similar: obtuvo una licencia para regentar una de las cafeterías y panaderías de la franquicia Hammerbröt-Werke, cuyo anterior propietario, Josef Brand, era judío. Y lo mismo ocurrió con el antiguo defensor del First Vienna, Karl Rainer, que recibió un piso ario por un precio ventajoso. Posteriormente, Drill fue deportado a Theresienstadt, y en 1943 murió en un campo de exterminio.

Sindelar, que quede claro, no era un nazi que, como muchos vieneses de su época habían sacado ventaja de la situación. Sin embargo, tras su muerte, el café Sindelar —antes Annahof— fue confiscado. Dos de las hermanas Sindelar no tenían forma de hacerse cargo del negocio. El jefe de la rama vienesa del NSDAP (Partido Nacionalsocialista Obrero Alemán) les informó que la decisión de confiscar el café se debía a las "opiniones pro-judías expresadas por el hermano junto con su actitud negativa hacia el partido".

El Annahof tenía futuro lejos del campo de juego. Para comprarlo, Sindelar llegó a endeudarse con la cervecería Gösser, que a cambio le exigió exhibir sus productos en el local. Sindelar adoptó una postura decididamente diplomática desde la compra del negocio: había invitado a varios dirigentes del partido a la inauguración de su cafetería, y en una entrevista dijo que "confiaba en el futuro del fútbol austriaco".

Tras su muerte, los nacionalsocialistas llamaron a Sindelar "el mejor soldado del fútbol vienés" y organizaron un funeral de Estado en su honor que fue cancelado un año después con el argumento de que tales muestras de dolor no estaban "en consonancia con los tiempos", ya que eran una falta de respeto a las muertes que se producían día tras día en los campos de batalla.

A pesar de ello, Matthias Sindelar fue recordado en todas partes: en los cafés, donde se le describía como un artista que encarnaba las principales características de la Viena de la época: ligereza, gracia, sentido del humor y genio desenfrenado; en su antiguo club,

que le dedicó la tribuna sur de su estadio; y en su ciudad natal, que dio su nombre a una calle, Sindelargasse.

En otoño de 1973, el Austria de Viena pensó en ponerle su nombre al estadio, pero la muerte de Franz Horr, antiguo presidente de la Asociación de Fútbol de Viena, hizo que la dirección del club se decidiera por otra opción. En Kozlov, su lugar de nacimiento, y frente a su piso en Annagasse, donde murió, se instalaron dos placas conmemorativas.

Probablemente, su capacidad para convertir el fútbol en una forma de arte, combinada con el protagonismo internacional del que gozó tanto con los colores blancos como los violetas de la selección nacional, fue lo que permitió a Sindelar dejar una huella indeleble en la memoria del público vienés más que cualquiera de sus predecesores.

En el imaginario colectivo nacional Matthias Sindelar se había convertido en el héroe que representaba mejor que nadie al niño pobre y huérfano que, gracias a su talento y a su esfuerzo, triunfaba contra todo pronóstico, el mismo que tuvo Viena en los años posteriores a la Gran Guerra. Era el emblema del chico de la calle de los *Ziegelböhmen* que nunca renegó de sus orígenes, aunque con los años empezó a ser venerado incluso en los cafés burgueses. Como dijo Torberg en una ocasión: "Sindelar fue amado por todos los vieneses que lo conocieron, es decir, fue amado por todos".

CAPÍTULO 7

EL MUNDIAL DE 1934 EN LA ITALIA DE MUSSOLINI

"El Wunderteam *acudió a su primer Mundial como el gran favorito, a pesar de que la* ÖFB *había solicitado el aplazamiento de la Copa del Mundo hasta 1936 debido a sus problemas financieros, una situación que no solo afectaba a la federación austriaca. Además de la reputación del* Wunderteam, *había otros factores que contribuían a la popularidad del fútbol austriaco: el Austria de Viena había triunfado en la última Copa Mitropa tras ganar la doble final contra la Ambrosiana de Giuseppe Meazza, y cuando comenzó el Mundial, todavía se estaba disputando la tercera edición de la Copa Internacional, en la que Italia lideraba la clasificación con seis puntos, dos más que Austria, que había ganado el partido por 4-2. Sin embargo, el* Wunderteam *había jugado tres partidos menos y, por tanto, tenía muchas posibilidades de superar a los hombres de Pozzo. La Italia de Benito Mussolini acogería la Copa del Mundo, después de que la primera edición fuese disputada en Uruguay y no contara con la participación de las selecciones europeas más famosas, en parte por el elevado coste de los viajes y por la protesta contra la decisión de Jules Rimet y de la FIFA de no celebrar la primera edición en Europa. Hugo Meisl, por ejemplo, no estaba de acuerdo con esta decisión: aunque había contribuido a la fundación de la Copa del Mundo, hubiera preferido que los equipos sudamericanos se adaptaran por una mayor presencia de contendientes europeos".*

I

En 1930, cuando se organizó la primera edición de la Copa del Mundo, los altos mandos de la FIFA eligieron a Uruguay como sede, un país que celebraba el centenario de su Constitución, que, entre otras cosas, abolió la esclavitud y expulsó a los militares del parlamento.

La identidad democrática de Uruguay era tan fuerte que ese año, en el espacio de una semana, del 11 al 18 de julio, se celebraron tres acontecimientos: el aniversario de la bandera, el asalto a la Bastilla –un acontecimiento no relacionado directamente con la historia local– y, por supuesto, el centenario de la Constitución. Para tener una idea clara de hasta qué punto Uruguay estaba en la vanguardia de las luchas democráticas, hay que pensar que sus vecinos –Argentina y Brasil– no abolieron la esclavitud hasta 1888 y 1853, respectivamente. Además, Uruguay fue el único equipo sudamericano que contaba con jugadores mulatos en el Campeonato Sudamericano, precursor de la actual Copa América, como los delanteros Juan Delgado e Isabelino Gradín. Chile se quejó en una ocasión de la presencia de los dos "africanos" en el campo. Y no solo eso: en la primera edición de la Copa del Mundo –así como en las dos citas olímpicas que la precedieron– Uruguay destacó la figura de José Leandro Andrade, un jugador mulato considerado el primer gran fluidista de la historia. Con motivo del centenario de la Constitución se inauguró en Montevideo –con la competición ya en marcha– el estadio El Centenario, con capacidad para 80 000 espectadores, una cantidad asombrosa para aquellos tiempos y para una ciudad todavía medianamente poblada, pero que daba fe de la pasión que los charrúas habían cultivado por el fútbol en las décadas previas. Esta pasión se reflejó en la ya enconada rivalidad entre Peñarol y Nacional, los dos clubes que se disputan el título y el nombre del mejor equipo de la capital.

Fue precisamente este clima de apertura y tolerancia el que llevó a los altos directivos de la FIFA a aceptar la candidatura de Uruguay. En una Europa acribillada por el autoritarismo y el totalitarismo, la presión política sobre un acontecimiento de esta índole, con publicidad mundial, habría sido mucho mayor.

Después de la reunión del 8 de octubre de 1932, la Asamblea de la FIFA decidió confiar la organización de la segunda edición de la Copa Mundial a la FIGC (la Federazione Italiana Giuoco Calcio). La razón era la posibilidad de albergar los distintos partidos en ocho estadios con capacidad suficiente, lo que habría eliminado uno de los principales problemas de la edición anterior, es decir, pocos estadios con capacidad para decenas de miles de espectadores. El estadio del PNF —Partido Nazionale Fascista— de Roma tenía capacidad para 45 000 personas, aunque originalmente estaba diseñado para 30 000. El arquitecto, inspirado en la tradición helénica, pudo realizar una modificación: unió las dos gradas en forma de herradura mediante una fila transversal. Por otra parte, el entonces estadio de San Siro, en Milán, utilizado para las competiciones de fútbol, podía albergar hasta 50 000 espectadores en ocasiones especiales, mientras que el estadio Mussolini, en Turín, tenía una capacidad de 70 000. También estaban el estadio Berta de Florencia (45 000), el Partenopeo de Nápoles (45 000), el Littoriale de Bolonia (50 000), el entonces renovado Luigi Ferraris de Génova (51 000) y, por último, el Littorio de Trieste (25 000).

Cabe destacar que en aquellos años la posibilidad de una Segunda Guerra Mundial parecía lejana: Hitler llevaba un año en el poder, y las relaciones entre él y Mussolini se habían congelado en el momento en que fue asesinado el canciller austriaco Engelbert Dollfuss.

Además, la retórica y la política fascista de Mussolini no tenían todavía una tendencia abiertamente xenófoba. Prueba de ello fue que el propio Mussolini impulsaba la inclusión en las filas de la selección nacional, dirigida por Vittorio Pozzo, con jugadores como Luis Monti, apodado Doble Ancho, primer goleador de la historia de Argentina en la Copa del Mundo y finalista en la edición anterior, el delantero Enrique Guaita y Raimundo "Mumo" Orsi

En la Italia de Mussolini, el extranjero por excelencia era el austriaco, una clara herencia de la Gran Guerra. Además, Italia iba a disputar ese campeonato mundial no solo con Austria, sino también con Hungría y Checoslovaquia, tres naciones cuyos ejércitos habían amenazado sus fronteras unos años antes. Una derrota no sería tan fácil de digerir.

II

El formato era sustancialmente diferente al de 1930. El número de equipos participantes —13 en 1930— había aumentado a 16. Para clasificarse, los equipos tuvieron que jugar en grupos. El *Wunderteam* quedó encuadrado en el Grupo 4 junto con Hungría y Bulgaria, y al ganar 6-1 a Bulgaria gracias a la tripleta de Horvath y a los

goles de Zischek, Viertl y Sindelar, clasificó, ya que la propia Bulgaria –que también había perdido contra Hungría– se había retirado y no tenía posibilidades de pasar de grupo.

Hungría y Austria pasaron. Mientras que la fórmula de 1930 preveía las semifinales tras una fase de grupos, esta vez la competición comenzó directamente con los octavos de final, sin rondas preliminares.

Los días anteriores estuvieron salpicados de análisis y debates sobre los favoritos. Algunos, como Jules Rimet, se aventuraron a declarar:

> "Mi gran favorito es Italia. Además del deseo de imponerse a los demás, también tendrán la motivación de superarse a sí mismos y servir a su país en cada uno de los actos de la competición. (...) Sitúo a la selección austriaca justo por detrás de Italia. Las virtudes de los austriacos no tienen comparación en todo el continente".

A él se sumó Manuel "Nolo" Ferreira, el delantero argentino que, en una entrevista, señaló a Austria como el peligro número uno para el equipo local. Entre los favoritos también destacaba Hungría, liderada por la estrella emergente –y futuro capitán– Gyorgy Sarosi, que, al ser hijo de madre italiana, hablaba el idioma con fluidez y entrenaría a algunos de los equipos de la bota en los años siguientes. Entre los húngaros también estaba el dúo del Újpest, Laszlo Sternberg e Istvan Avar: el primero era defensa y capitán, mientras que el segundo era una formidable máquina de hacer goles. El Újpest había ganado la edición del campeonato húngaro correspondiente a la temporada 1932-1933 y también triunfaría en la posterior a la Copa del Mundo. Otro jugador de renombre internacional fue Istvan Palotas, el delantero del MTK considerado por muchos el pionero húngaro del papel de falso nueve, incluso antes que Nandor Hidekguti, por su capacidad para desprenderse de su posición de delantero y actuar como director al servicio de los demás miembros de la línea de ataque.

Otro de los grandes contendientes fue Checoslovaquia, que contaba con talentos como el delantero Oldrich "Olda" Nejedlý, que se convertiría en el máximo goleador de la competición, así como el legendario portero František Plánička y el extremo Antonín Puč, que acabaría convirtiéndose en el máximo goleador de la historia de la selección checoslovaca. Fue el propio Puč quien dio un escalofrío a la Italia de Pozzo en la final al marcar el momentáneo gol del 1-0.

Entre las selecciones sudamericanas, debido a la ausencia del defensor del título, Uruguay, y a una Argentina que había cambiado respecto a cuatro años antes, el equipo más formidable era Brasil. De hecho, los uruguayos habían decidido declinar la invitación debido a la no participación de Italia en la edición anterior, añadiendo que estaban en contra del "régimen fascista y del uso político que se haría del evento". Brasil, dirigido por el seleccionador Luiz Vinhaes, tenía en sus filas a Leônidas da Silva, famoso por haber contribuido a perfeccionar la famosa bicicleta en Brasil, incluso se atribuye erróneamente a Leônidas la paternidad de este gesto técnico, ya que el primero en exhibirlo fue un chileno, Ramón Unzaga, en el campo de juego del puerto de Talcahuano.

Evidentemente, Italia estaba entre los favoritos, y no solo por ser el país anfitrión. Entre los *azzurri* destacaban nombres importantes: en primer lugar el de Giuseppe Meazza, derrotado en la final de la última Copa Mitropa por el Austria de Viena. Meazza prefería jugar de delantero, como siempre había declarado y como se empleaba puntualmente en la Ambrosiana, pero su increíble repertorio también le permitía jugar un poco más atrás, gracias a su capacidad para enviar a sus compañeros a la portería. Angelo Schiavio, del Bologna, jugaría como delantero centro, con Borel en el banquillo listo para ocupar el puesto si se necesitaba más velocidad. Entre los postes estaba Gianpiero Combi, considerado uno de los mejores porteros del mundo junto con Zamora y Plánička. Otros de los jugadores con más talento fueron los ya mencionados *oriundi* Guaita, Orsi y Monti, este último en su segundo Mundial, pero primero con la camiseta de Italia.

Por último, la otra gran favorita de aquella edición, Austria, a la que se le atribuía la marca de un fútbol único y vanguardista. La preocupación de los italianos estaba ampliamente justificada por lo sucedido en la anterior edición de la Copa Mitropa, cuando el Austria de Viena se impuso al Ambrosiana y ganó el trofeo. Además, era la selección austriaca que había levantado la Copa Internacional no más de dos años antes.

Hugo Meisl, que había vuelto a entrenar a la selección austriaca, tras el final de la Gran Guerra, nunca pensó en cambiar su forma de juego, la pirámide, como aún se sigue llamando.

A pesar de ello, en los días previos a la competición Meisl parecía preocupado: le hubiera gustado que Jimmy Hogan volviera a estar a su lado como colaborador, pero debido a las limitadas finanzas de la ÖFB esto no fue posible y Meisl tuvo que conformar-

se con Franz Hansl, un exjugador del Austria Viena que tenía un excelente conocimiento del fútbol italiano al haber entrenado al Torino, Alessandria, Livorno y Salernitana.

III

A diferencia de la mayoría de los participantes, Meisl convocó solo a 16 jugadores. Incluyó a dos de las estrellas emergentes del fútbol austriaco, los delanteros Franz Binder y Wilhelm Hahnemann, pero también hubo ausencias como la de Walter Nausch, que se quedó en Viena por lesión. El entrenador había decidido añadir a Matthias Sindelar el excepcional talento de Josef Bican, la racha goleadora de Anton Schall, la velocidad del extremo del Wacker Wien Karl Zischek y la experiencia del delantero Rudolf Viertl, que se llevaba bien con Sindelar ya que ambos fueron compañeros en el Austria Viena.

El entrenador dudó menos en los demás departamentos: el portero sería Peter Platzer, extremo del Admira Viena; en la defensa estaría Karl Sesta, que a partir del siguiente campeonato se uniría a Sindelar y Viertl en el Austria Viena, y Franz Cisar, defensa del WAC. El trío del centro del campo, que no cambiaría durante el partido, estaba formado por Wagner, Smistik y Urbanek, los dos primeros del Rapid de Viena y el tercero del Admira de Viena.

El *Wunderteam* llegó a Italia en tren tras salir de la mayor estación del país, Südbanhof. Los compartimentos estaban equipados con camas y los jugadores viajaban por parejas. Sindelar, por ejemplo, compartió el viaje con Viertl. Llegaron a Italia el 22 de mayo y decidieron alojarse en el Hotel Dock, en el centro de Turín. Curiosamente, tanto Sindelar como Sesta llegaron con dolor de muelas. Para Sindelar fue un problema menor, mientras que Sesta tuvo dolor durante los siguientes días.

Para que los jugadores se acostumbraran al calor italiano, Meisl decidió realizar las sesiones de entrenamiento hacia el mediodía, la hora más calurosa del día. Un día antes del debut, los jugadores compitieron en dos concursos de velocidad. Meisl sorteó seis plumas estilográficas para los primeros clasificados. Josef Bican fue el primero en ambas ocasiones. Y Meisl, que conocía bien el carácter competitivo de su delantero, dijo: "Cuando hay algo que ganar, este puede participar en todo". Las sesiones de formación solían estar a cargo de Hansl, y Meisl se limitaba a dar algunos consejos. Por ejemplo, ordenó a Karl Zischek que se cortara el pelo, ya que decía que el mechón podía obstaculizar su visión durante los partidos.

En los días previos a los octavos de final, Meisl también comentó sobre Matthias Sindelar:

"Sindelar está en excelente forma. El domingo, si está bien, sorprenderá al público de Turín. Dicen que me metí en su camino. Nada más lejos de la realidad. Lo saqué del equipo cuando no funcionaba y ahora que está en forma lo he vuelto a llamar. Es una pena que tenga más de 31 años, porque hay muy pocos ases como él, incluso en Austria. Su exclusión de algunos partidos le ha ayudado. Ahora muestra más ganas".

Los octavos de final se jugaron el mismo día, el 27 de mayo, en uno de los estadios elegidos para albergar la competición. El *Wunderteam* se enfrentó a Francia en el estadio Mussolini de Turín, el mismo en el que había derrotado a la selección italiana unos meses antes de que comenzara la competición.

Contra Francia, el *Wunderteam* encontró más dificultades de las esperadas. El equipo galo comenzó con fuerza, sorprendiendo a los austriacos al principio: en el primer minuto, gracias a un error de Sesta, Platzer tuvo que intervenir para evitar una salida en desventaja y, poco después, se encontró con Nicolas, que, en lugar de disparar, se desplomó en el suelo: parecía desmayarse, probablemente por el calor que reinaba en Turín. Nicolas abandonó el campo pero finalmente decidió continuar con su partido. Y la elección dio sus frutos, ya que en el minuto 18 fue él, guiado por Keller, quien superó a Smistik y dio la ventaja a los franceses. A partir de ahí, Austria tomó las riendas del partido, también debido al precario estado de Nicolas, que volvió a sentirse mal y su rendimiento se resintió. Austria se lanzó al ataque y en pocos segundos estrelló dos balones al arco contrario, el primero en un disparo de Schall y el segundo en el rebote con Bican. El partido se abrió, y Keller estuvo a punto de doblar el marcador en un contraataque. Objetivo equivocado. Matthias Sindelar, que había estado anónimo hasta entonces, volvió a igualar el partido. El delantero del Austria Viena aprovechó el error de Mattler y voló hacia la portería superando al guardameta francés Thépot, a pesar de que Verriest, el centrocampista encargado de marcarle, intentó detenerle de todas las maneras posibles.

Los 90 minutos acabaron en empate tras una segunda parte aburrida y dominada por el miedo a perder el partido. Austria se enfrentó a un equipo duro, aunque los franceses no tenían la misma calidad que los austriacos. Solo en la prórroga se impuso el talento de los austriacos, que con los goles de Anton Schall y Josef

Bican sellaron su pase a los cuartos de final. De hecho, el gol de Anton Schall fue discutido durante unos minutos por los jugadores franceses, que alegaron que el delantero del Admira estaba en fuera de juego. El penalti lanzado por Verriest hacia el final de la segunda parte de la prórroga, tras una mano de Wagner en el área, no sirvió de nada.

Mientras tanto, la lista de aspirantes al título se había reducido. Italia, España, Hungría, Checoslovaquia, Suiza, Alemania, Suecia y Austria pasaron a la siguiente fase. Hubo una gran sorpresa: el Brasil de Leônidas, derrotado por España, había sido expulsado de la copa. Leônidas había conseguido perforar al imbatible portero Zamora, pero con el resultado ya casi comprometido: el dúo vasco Iraragorri-Lángara había marcado tres goles entre los minutos 18 y 29. Y tras el momentáneo 3-1, Zamora también se permitió el lujo de detener un penalti a Leônidas, confirmando así la leyenda de que el defensa español era capaz de hipnotizar a sus rivales.

Y a decir verdad, hubo otra sorpresa, aunque no tan llamativa: Suecia había vencido a Argentina, que había cambiado 11 veces su configuración cuatro años antes. Una de las ausencias más importantes fue la de Luis Monti, el pivote del centro del campo que había fichado por la Juventus y que vistió la camiseta de Italia en aquella edición del Mundial.

En cuartos de final, Austria y Hungría disputaron el derbi del Danubio en el estadio Littoriale de Bolonia. En octavos de final, Hungría había vencido a Egipto por 4-2, como se había previsto, vengando así la derrota sufrida diez años antes en los Juegos Olímpicos de París y confirmando su marca futbolística: su excepcional capacidad goleadora. En este sentido, las dos naciones del Danubio eran similares. Ambos estaban acostumbrados a buscar la victoria a través del juego y ambos estaban imbuidos de la filosofía escocesa del juego de pases.

Austria y Hungría eran quizás los dos equipos más conocidos de esa competición. El primer partido internacional entre equipos continentales lo disputaron en 1902 y, desde 1897, sus respectivos equipos de clubes compitieron primero en la Challenge Cup y luego en la Copa Mitropa, a partir de 1927. A partir de ese mismo año, las dos selecciones se enfrentaron también en la Copa Internacional. Los pronósticos estaban a favor de los austriacos, que ganaron 5-2 en su último partido amistoso en Viena, el 15 de abril de ese año.

Jules Rimet describió el partido como "un regalo para los amantes del deporte rey". Afirmó haber visto una Hungría "motivada y agresiva" y una Austria "más astuta y científica". Hugo Meisl, en cambio, tenía una opinión diferente: aunque estaba satisfecho con el buen juego de ambos equipos en la primera parte, estaba decepcionado con la confusión en la segunda.

En comparación con el partido contra Francia, Meisl solo cambió un elemento: sustituyó a Schall –que estaba lesionado– por Horvath. El seleccionador húngaro, Odon Nadas, hizo un cambio mayor: en previsión de los cuartos de final había dejado en en el banquillo a dos de las principales estrellas del equipo, el prolífico delantero del Újpest Istvan Avar, que había marcado cuatro años antes en la Copa de Naciones de Ginebra, y la joven promesa Gyorgy Sarosi. En su lugar se encontraban Pál Teleki, tocayo del ex primer ministro húngaro, y Gabor Szabo, sin parentesco con Antal Szabo, encargado de defender la portería húngara.

En solo cinco minutos de juego, la decisión de apostar por Johann Horvath ya había dado sus frutos. Fue el propio delantero de 31 años –capitán para la ocasión– quien adelantó a los austriacos con un gol como de rapiña en el área tras un intercambio entre Sindelar y Bican. Siguió una primera parte en la que ambos equipos no se escondieron. Incluso Austria, que disfrutaba de una ventaja de un gol, no desdeñó la búsqueda del doblete. Pero cuando el árbitro italiano Mattea hizo sonar su silbato, el resultado era 1-0.

Comenzó la segunda parte, y a los pocos minutos Zischek marcó el 2-0 con una precisa asistencia de Bican. Fue un soplo de aire fresco para el equipo de Meisl, que empezaba a sentir que su pase a los cuartos de final estaba cada vez más cerca. Sin embargo, el partido dio un vuelco y a Meisl no le gustó nada: Bican hizo una mala intervención sobre Toldi, que se vio obligado a salir, y poco después el capitán húngaro Sternberg derribó a Horvath. En el minuto 61, un penalti de Sarosi volvió a poner la clasificación sobre la mesa, pero poco después, en el minuto 63, el delantero Imre Markos fue expulsado, frustrando una posible reacción de la selección magiar. El Austria-Hungría terminó 2-1 en Bolonia.

En aquel momento, en el contexto futbolístico centroeuropeo se debatía sobre cuál de las dos selecciones, era la mejor. Era una discusión tan antigua como el nacimiento del fútbol en ambos países. Ese día, la victoria de Austria dio una respuesta clara: el *Wunderteam* tenía algo más, y esa victoria fue la confirmación

de la superioridad demostrada en la edición anterior de la Copa Internacional. Los pronósticos realizados en la víspera del partido no estaban equivocados.

Quedaban cuatro selecciones nacionales para competir por el título: Austria, Italia, Checoslovaquia y Alemania. No hubo sorpresas en los cuartos de final. Austria se enfrentaría en semifinales a la selección local, Italia, que había vencido a España en cuartos de final en un *replay* jugado el 1 de junio de 1934. El partido terminó 1-0, después de que el primer partido jugado el día anterior marcó 0-0. Se ha especulado mucho sobre las misteriosas ausencias de Zamora y de la pareja de atacantes vascos Iraragorri-Lángara, que no parecían haber sufrido ninguna lesión en el primer partido. Por el contrario, Zamora fue fundamental para preservar el empate final. Algunos chismes habían sugerido que estas exclusiones se debían a la presión del régimen fascista. Al parecer, Zamora fue sorprendido viendo el partido sentado junto a Hugo Meisl, que estaba presente en el estadio como espectador interesado.

El Italia-Austria no fue un partido cualquiera. Si el Austria-Hungría había sido un partido entre antiguos compañeros de frente, el Italia-Austria fue todo lo contrario. Los recuerdos de las batallas del Isonzo, del Caporetto y de las que se libraron en el Piave estaban muy presentes. Los jugadores de ambos bandos lo sabían bien, especialmente las dos estrellas Giuseppe Meazza y Matthias Sindelar. Los dos huérfanos de guerra se habían hecho amigos. Pero esto no importaba: incluso se contó que Vittorio Pozzo había aparecido en el vestuario italiano con un gramófono, y que los jugadores habían cantado la *Canzone del Piave* (La Canción del Piave), un himno patriótico italiano que hace referencia a una batalla librada al final de la Gran Guerra, a pleno pulmón. Benito Mussolini no quería perder ante el enemigo, que en aquel momento era "el extranjero". Al extranjero, como reza la *Canzone del Piave*, no se le debía dejar pasar. De ninguna manera. A pesar de que en 1934 las relaciones diplomáticas entre ambos países eran más que sólidas.

Independientemente del escenario político, el Italia-Austria era para muchos una final esperada y, por ello, no fueron pocos los que consideraron que el San Siro era inadecuado para albergar el evento debido a su limitada capacidad. Algunos habrían preferido el estadio Mussolini de Turín, más adecuado para acoger a los aficionados italianos que llegaron de todos los rincones del Reino para ver el partido. La asistencia habría sido un récord de espectadores (40 000), lo que significó un lleno total. Algunos refieren que el número de espectadores alcanzó los 45 000. Bruno Roghi, periodista de *La Gazzetta dello Sport*, dijo lo siguiente sobre la selección italiana:

> "En muchos años de batallas deportivas con los austriacos, lograron vencerlos dos veces: una en Milán, y fue un partido emocionante, y otra en Trieste. Hoy jugamos con cartas muy diferentes a las de Turín. Hay nuevos hombres en las filas, el ambiente de la competición ha cambiado. Además, la copa tiene sus propias leyes que no se pueden descifrar. Los austriacos y los italianos podían, sin ninguna ostentación de altanería, afirmar que tenían en sus manos las buenas armas para ganar".

Mussolini estaba presente en las gradas, y Rimet, según el protocolo, se sentó a su derecha. No muy lejos, Rimet vislumbró –ya se habían visto en el partido inaugural de Italia contra Estados Unidos– a varios miembros de la familia real: el príncipe de Saboya, el príncipe de Piamonte, el duque de Spoleto, la princesa Mafalda, la princesa María de Saboya y otros ministros. Todos parecían dispuestos a intercambiar algunas impresiones sobre el juego, aparte del Duce. Mussolini, de hecho, siguió los partidos con extrema concentración, sin pronunciar una sola palabra. Rimet diría más tarde que nunca había tenido la oportunidad de hablar con él, a diferencia de lo que ocurrió cuatro años antes, cuando el presidente uruguayo Juan Campisteguy le invitó a una finca de la zona para degustar lo que Rimet consideraba una novedad absoluta: el asado. Rimet se dio cuenta entonces de que Campisteguy estaba más interesado en sus orígenes que en su figura institucional, ya que el propio presidente uruguayo tenía orígenes vascos.

Justo antes del partido una tormenta había pasado por Milán. Cuando comenzó el partido, el suelo estaba todavía mojado y era claro que el nivel técnico del partido se resentiría. Esto podría haber beneficiado a los que, sobre el papel, tenían menos técnica, es decir, a la Italia de Pozzo, que hizo del *catenaccio*[10] y los contraataques sus mejores armas.

Hugo Meisl, a quien no le había gustado su equipo en el partido de cuartos de final contra Hungría, propuso la misma formación que había ganado contra Francia, con el ascenso de Schall al 11

---

10 En el fútbol, sistema de juego basado en una defensa con marcajes muy rígidos y el repliegue de los centrocampistas, con uno o dos delanteros dispuestos a disparar al contragolpe.

inicial, en lugar de Horvath, que se había lesionado durante el partido contra los húngaros. Con respecto al *replay* del partido contra España, Italia hizo dos cambios: sacó a Demaría y Borel e introdujo a Ferrari y Schiavio. Ambos equipos venían de dos victorias difíciles en las que no habían brillado especialmente. El camino de Austria no había sido fácil, ni en los octavos de final contra Francia ni en los cuartos de final contra los húngaros, y en ambos casos, el *Wunderteam* había jugado partidos muy exigentes físicamente. Italia, por su parte, después de empezar la competición con goleada –7-1 contra la cenicienta Estados Unidos–, tuvo que trabajar mucho para superar a una España que se mantuvo con posibilidades hasta el minuto 90 del partido de desempate.

Meazza, el hombre más esperado por los *azzurri*, llegaba al partido en buena forma: en el último enfrentamiento con España, marcó el gol decisivo y también hizo un excelente partido contra Estados Unidos, marcando al final del encuentro. Su *alter ego* austriaco, Sindelar, había estado hasta entonces intermitentemente en llamas: contra Francia había marcado un gran gol seguido de una asistencia a Schall y contra Hungría había mostrado un buen juego en la parte final del partido. Pero en ambos partidos quedó fuera de juego la mayor parte del tiempo. Sindelar, en cambio, tenía siete años más de carrera que la estrella italiana.

Los equipos saltaron al campo bajo las órdenes del árbitro sueco Eklind. Fue el *Wunderteam* el que se mostró más proactivo en los primeros compases, con Sindelar, al que no le afectó el terreno pesado, actuando como director ofensivo. Cuando los austriacos atacaban, los defensores de Pozzo daban la impresión de estar más preocupados por hacer retroceder al rival que por montar un contraataque. Italia se dedicó a esperar, y en un par de ocasiones castigó al contraataque: la elección de Schiavio en lugar de Borel se debió probablemente a la capacidad del delantero del Bolonia para aportar su fuerza física, cualidad de la que carecía el pequeño delantero de la Juventus. Fue Schiavio quien realizó el primer disparo a puerta, pero Platzer no se dejó sorprender. Los austriacos volvieron al ataque y el juego de los italianos se hizo más descarnado: Sindelar parecía estar en estado de gracia, bailando con el balón y encontrando siempre un compañero libre. Luis Monti decidió entonces marcarle con intervenciones que a menudo se salían del reglamento, pero Eklind –a quien también se le había prometido la final– parecía ser el único que no se daba cuenta de ello. El único señalamiento a Monti llegó poco después, cuando derribó a Viertl en una de las numerosas incursiones de los austriacos en el campo italiano. En realidad, Sindelar ya había experimentado la dureza de la defensa italiana en dos ocasiones, en la ida y la vuelta de la semifinal de la Copa Mitropa de 1933-1934, cuando primero el propio Monti –expulsado en el minuto 85 del partido de ida en Viena– y luego el dúo Varglien-Calligaris se esforzaron por contenerlo y sacaron lo mejor de él. Vittorio Pozzo, que además de entrenar a la selección italiana también escribe para *La Stampa*, dijo lo siguiente sobre los enfrentamientos entre Sindelar y Monti:

> "No se llevaban nada bien, era mutuo. Era una de esas antipatías naturales, instintivas e irresistibles. A los vieneses no les gustaba el carácter masculino y decidido de Luisito, y a Luisito no le gustaban los bailes de ballet del austriaco, que parecían burlarse de él. Tres cuartas partes de la impopularidad de Monti en el campo se debieron a las críticas que recibió por derribar a un ídolo como Sindelar".

Austria estuvo más altiva, por momentos incluso parecía un espejo de sí misma, pero le costó romper la defensa italiana y marcar. Italia fue todo lo contrario, menos entretenida pero más concreta. Schiavio continuó su duelo personal con Platzer que, sin embargo, se impuso por segunda vez. Sin embargo, tras el rebote del portero austriaco, tres jugadores italianos se abalanzaron sobre el balón. Meazza y Platzer chocaron, Schiavio detuvo su carrera justo delante del portero austriaco y desde atrás intervino Guaita, anticipándose al más lento Smistik y metiendo el balón en la red. Para los austriacos la falta sobre el portero era evidente, pero no para Eklind. El marcador era 1-0 para Italia y el balón en el centro. El *catenaccio* italiano se intensificó aún más, también por miedo. Austria tuvo cuatro ocasiones seguidas para empatar, pero Combi se mostró intratable: detuvo los disparos de Viertl, Zischek, Bican y Schall. Tras una intensa primera parte, los equipos se fueron al descanso, un alivio para Pozzo y su equipo que necesitaban aliviar la presión de los austriacos.

De vuelta al campo, los 22 continuaron la batalla. Alguien, como Sindelar, jugaba ahora a medio gas: el férreo marcaje de Monti casi le había expulsado del partido, pero tras consultar con Meisl y sus compañeros, la estrella del Austria Viena había decidido volver. Durante un cuarto de hora, el partido estuvo dominado por los contrastes y el nerviosismo: la primera ocasión que se registró fue un disparo desviado de Schall. Poco después, Cisar, que no era precisamente un goleador, también lo intentó, y el resultado no varió. El partido, que entretanto había ganado en agonismo y perdido en espectacularidad, mantuvo la intensidad, pero las jugadas valiosas empezaron a escasear. Italia tuvo la oportunidad de sentenciar el partido en tres ocasiones: la primera con Guaita tras una incursión

en el área contraria, y luego con Schiavio y Meazza. Sin embargo, Platzer no fue menos que Combi y, en la siguiente reanudación, Austria estuvo a punto de empatar por medio de Viertl-Schall: el balón se fue apenas desviado.

Diez minutos antes del final, Austria intentó empatar con un último esfuerzo. Combi estuvo a punto de arruinar una espléndida actuación con error sobre el pase de Ferrari, pero logró salvarse in *extremis* con un saque de banda. Justo en las evoluciones del saque de banda, Zischek puso a prueba a Combi quien volvió a ser protagonista. Los porteros siguieron destacando, ya que poco después fue Platzer quien se opuso a Schiavio y Ferrari en dos ocasiones. Y justo al final del partido, Zischek tuvo la oportunidad de llevar el partido a la prórroga: su disparo salió desviado, pero parecía que Eklind ya había hecho sonar su silbato. Todos estaban en la ducha, Italia en la final y Austria eliminada. Meisl y su equipo jugarían el derbi germano-parlante contra Alemania en la final de consolación por el tercer-cuarto puesto.

La racha de victorias de Meisl se vio interrumpida por esta derrota. El entrenador austriaco dijo lo siguiente después del partido:

"Ha ocurrido exactamente lo que imaginaba. Era imposible ganar a Italia en ese contexto. Tienes que rendirte y darle el título a los *azzurri*. Sin embargo, esto no significa que su fútbol sea mejor y que la victoria sea merecida".

De la misma opinión era Josef Bican, quien más tarde diría:

"Gracias a Meisl sabíamos que el árbitro era corrupto y que arbitraría a favor de Italia. Incluso llegó a jugar con ellos: en un momento dado pasó el balón a la banda derecha, y uno de mis compañeros, Zischek, corrió para unirse a él, pero el árbitro se lo devolvió a los italianos. Fue una desgracia".

Años después, Mumo Orsi afirmó que él y sus compañeros se habrían arriesgado a la pena de muerte "si Eklind no hubiera estado de nuestro lado". Lo cierto es que, desde el punto de vista arbitral, hubo una masiva representación italiana: entre los 25 árbitros y jueces de línea, 12 eran italianos.

<h1 style="text-align:center">IV</h1>

La final por el tercer puesto tuvo lugar el 7 de junio y enfrentó a Austria con una Alemania que, según las expectativas, había causado una impresión más que decente al llegar a las semifinales. Tuvieron que rendirse ante el mayor talento de los jugadores checoslovacos, en particular de Oldrich "Olda" Nejedlý, que marcó un triplete.

El Austria-Alemania fue el partido menos popular de todo el Mundial: una clásica final de consolación para nada. No es de extrañar que solo hubiera 9000 espectadores en el estadio Partenopeo de Nápoles, a pesar de que se habían reducido los precios para animar a más gente a asistir. Para que quede claro, el estadio estaba vacío en sus cuatro quintas partes. Solo una vez había visto Hugo Meisl jugar a su selección en un estadio tan vacío, pero eso había ocurrido 15 años antes y en un partido amistoso. Además, no hubo oportunidad de admirar el talento que, aunque en fases alternas y a expensas de la edad, merecía la fama que le rodeaba. Sindelar había acordado con Meisl no participar en este partido: sus enfrentamientos con Monti le habían dejado fuera de juego, y ambos coincidieron en que no tenía sentido arriesgarse a agravar la situación en un partido que solo era útil para los almanaques. En su lugar, Meisl alineó a Braun, y Horvath sustituyó a Schall en la delantera.

Durante su aventura de 15 años como entrenador del *Wunderteam*, Hugo Meisl se había enfrentado a Alemania en seis ocasiones. El balance fue de tres victorias, dos derrotas y un empate. Sin embargo, lo más reconfortante es que Austria había marcado 11 goles y recibido cero en los dos últimos partidos: 6-0 en Berlín en mayo de 1931 y 5-0 en Viena en septiembre del mismo año. Sin embargo, en comparación con el último enfrentamiento directo en Viena, las alineaciones habían cambiado significativamente. Los únicos "supervivientes" de Austria fueron Zischek y Smistik.

El partido comenzó con una Austria lenta y desmotivada. De hecho, no se parecía en nada a Austria. No tenía nada del *Wunderteam*, ni su líder ni el tradicional *maillot* blanco. De hecho, para evitar la confusión entre las camisetas de los dos equipos, el Nápoles dio a la selección austriaca sus propios uniformes azul claro.

Alemania solo tardó 25 segundos en adelantarse, al marcar Ernst Lehner el gol más rápido en la naciente historia de la Copa del Mundo, un récord que sería batido en 1962 por el checoslovaco Mašek en su partido contra México y luego por el turco Hakan Şükür, que tardó 11 segundos en batir al portero surcoreano en la final por el tercer y cuarto puesto en 2002.

Austria no reaccionó y Alemania encontró el doblete, esta vez con Edmund Conen, que se convertiría en el segundo goleador del torneo junto a Schiavio. Los hombres de Meisl tuvieron un arranque de orgullo, y con Horvath, el mejor de su equipo con diferencia, acortaron la distancia. Pero Horvath no fue suficiente, y la defensa de los austriacos cedió por tercera vez: Lehner lo aprovechó y, en el minuto 42, castigó a un Platzer no irreprochable marcando su doblete personal.

En la segunda parte, Austria mostró más determinación: Sesta, mejor como atacante que como defensor, redujo la distancia con un disparo que Kress, en el campo en lugar del portero titular Jakob, no pudo evitar. Y fue de nuevo Horvath quien, hacia el final del partido, estuvo a punto de empatar, pero su disparo dio en el poste. Alemania se hizo con el tercer puesto, aunque entre los austriacos el lamento seguía centrado en la semifinal perdida ante los italianos.

Las críticas de los periódicos fueron despiadadas. Algunos se quejaron de la mala condición física de los jugadores, alegando que se debía a una preparación incorrecta y a una alimentación insuficiente, mientras que otros, como *Das Kleine Blatt*, acusaron a Meisl de ignorar a jugadores importantes como Karl Gall y Josef Stroh, además de los jóvenes Franz Binder y Wilhelm Hahnemann.

En cualquier caso, estaba claro que se había acabado un ciclo y que una de las selecciones más fuertes de la época tendría que renovarse para poder volver a competir a un alto nivel.

Sin embargo, el *Wunderteam* no tendría revancha a nivel mundial, y en 1938 reaparecerían algunos de los jugadores que habían participado en la máxima competición disputada en Italia, pero con un uniforme diferente. Las ambiciones de Sindelar y sus compañeros de equipo fueron truncadas por un arbitraje que muchos aún califican de sospechoso. El mismo sentimiento denunciado por algunos jugadores de Checoslovaquia, que perdería la final contra Italia unos días después.

CAPÍTULO 8

EL ANSCHLUSSSPIEL Y EL FIN DEL WUNDERTEAM

"El 15 de marzo de 1938, desde un balcón del Neue Hofburg en la Heldenplatz, ante unas 250 000 personas, Adolf Hitler pronunció el histórico discurso que hizo oficial la anexión de Austria –que los alemanes rebautizaron como Ostmark– al Tercer Reich. Poco menos de un mes después, se celebraría un referéndum para preguntar a los ciudadanos austriacos y alemanes, si estaban a favor de la anexión. En realidad, como decía la propia pregunta de la papeleta, la anexión ya había tenido lugar y estaba anunciada. El referéndum fue una maniobra de los nacionalsocialistas para legitimar su llegada al poder. En los días previos al Anschluss, algunas figuras vienesas influyentes trabajaron para promover la causa nacionalsocialista. Theodor Innitzer, arzobispo de la capital austriaca que años más tarde condenaría la persecución de judíos y gitanos, era un partidario tan antiguo del Anschluss que en abril de 1938, para celebrar el cumpleaños del Führer, ordenó que todas las iglesias de la ciudad se adornaran de banderas con el símbolo de la esvástica. A nivel deportivo, el fútbol volvió a ser amateur. Algunos efectos inmediatos fueron el abandono de la Copa Mitropa por parte de los equipos austriacos y la suspensión de la Copa Internacional. En otras palabras, los nazis solo necesitaron unas horas para destruir lo que Hugo Meisl había construido durante años".

I

Al finalizar la Gran Guerra en 1918, el pueblo austriaco estaba dividido sobre su futuro. Había quienes soñaban con una Austria republicana, independiente y católica, y quienes, como los partidarios del *Grossdeutsche Volkspartei*, querían que Austria se uniera a la República de Weimar en nombre de las teorías pangermanistas que habían surgido a finales del siglo XIX.

Sin embargo, en 1919 el Tratado de Saint-Germain-en-Laye no solo redibujó las fronteras del país, sino que también prohibió esto último – aqui no se si queda claro a lo que ser refiere esto ultimo. Podriamos cambiarlo con: Sin embargo, en 1919 el Tratado de Saint-Germain-en-Laye no solo redibujó las fronteras del país, sino que también prohibió el posible nacimiento de movimientos pangermanistas.

Al año siguiente, Dollfuss expulsó del Parlamento a los socialdemócratas, al KPÖ (Kommunistische Partei Österreichs), el Partido Comunista Austriaco, y al DNSAP, el Partido Nacional Socialista.

Entre el 12 y el 15 de febrero de 1934 estalló una guerra civil extremadamente violenta entre la Heimwehr, la milicia que apoya al canciller Dollfuss, y la Schutzbund, una organización paramilitar que representa a los socialdemócratas. La revuelta fue sofocada, pero las tensiones se extendieron al movimiento nacionalsocialista, que el 25 de julio de 1934 asesinó al canciller austriaco a través de algunos de sus miembros en un fallido golpe de estado. Sin embargo, Alemania negó cualquier implicación en el intento de asesinato.

Kurt Von Schuschnigg, sucesor de Dollfuss, se enfrentó a una presión aún mayor: el 22 de febrero de 1938 fue convocado por Hitler a la residencia de montaña del Führer en Berchtesgaden. Ahí Hitler comunicó al nuevo canciller austriaco su deseo de anexionar Austria a Alemania, y en respuesta Von Schuschnigg convocó un referéndum. El pueblo decidiría. Desde Berlín, Goebbels propuso una alternativa: pidió al canciller que pospusiera el referéndum quince días y dimitiera en favor de Arthur Seyss-Inquart, un nacionalsocialista austriaco de la primera época. Von Schuschnigg no dimitió, pero aceptó celebrar el referéndum dos semanas después.

Sin embargo, las amenazas y la presión aumentaron y Von Schuschnigg dimitió. El presidente Wilhlem Miklas, tras una cierta resistencia inicial, acabó cediendo y nombró a Seyss-Inquart jefe de la cancillería. El 12 de marzo las tropas alemanas marcharon hacia Austria, y el 14 Hitler llegó a Viena. El 10 de abril de 1938 se celebró el referéndum tanto en Alemania como en Austria y el veredicto fue unánime: el 99,73% de los votantes estuvo a favor de la anexión y Austria, rebautizada como Ostmark, se convirtió en una provincia del Tercer Reich.

II

Ya unas semanas después del *Anschluss*, Viena se había vuelto decididamente más "prusiana" —con esta palabra los austriacos se referían a los alemanes— y el intento de sustituir la clásica actitud despreocupada vienesa por el rigor alemán se dejó sentir en todo el país. Los escuadrones de las SA patrullaban ampliamente la capital y los llamados *Schupos* —un término despectivo para referirse a los policías— vigilaban el próximo referéndum.

El 14 de marzo de 1938 —dos días después de la invasión alemana de Austria— el Hakoah de Viena, junto con todos los demás clubes judíos, fue desmantelado y el partido de la Copa de Austria que iba a jugar contra el Simmering se canceló. La única excepción fue el Maccabi de Viena, que permaneció durante algún tiempo indemne al acoso impuesto por Berlín y al que se incorporaron varios jugadores judíos procedentes de los clubes prohibidos. El Austria de Viena, que contaba con varios directivos judíos en sus filas, sufrió el mismo destino: casi todos sus miembros abandonaron el país y el club fue prohibido y puesto bajo "administración especial". Bruno Eckerl, un abogado que permaneció en el cargo hasta 1945 y se hizo miembro del Partido Nacional Socialista en 1941, asumió la presidencia.

Una suerte similar corrieron los periodistas deportivos judíos, que también fueron expulsados de sus puestos de trabajo. Los clubes de fútbol femenino de la ciudad tampoco se salvaron: algunos de ellos, como Admira, Tempo, Viena, Wien y Vindobona, a cuyo propietario Josef Osovsky se le confiscaron bienes muebles e inmuebles por un valor de 2.2 millones de marcos alemanes.

En general, todo el movimiento futbolístico austriaco sufrió cambios drásticos impuestos por Berlín: en Alemania, para evitar el riesgo de que el fútbol se profesionalizara, el partido nazi había intentado reducir el número de clubes deportivos y hacer que los

deportistas se unieran a organizaciones afiliadas al movimiento nacionalsocialista, como las SA, las SS, las Juventudes Hitlerianas y la Kraft Durch Freude, literalmente "fuerza a través de la alegría".

Pero el impacto que el fútbol había tenido en las clases trabajadoras alemanas y su conversión en un fenómeno de masas, que también había ocurrido en Austria, llevó a los dirigentes nazis a reconsiderar su escepticismo y a valorar positivamente el impacto que el deporte podía tener en las multitudes. Precisamente por estas consideraciones, Berlín acogió los Juegos Olímpicos de 1936. Además, el fútbol también tenía una segunda función importante: ofrecía a la población masculina unos retazos de libertad y cierta distracción de la rutina diaria.

En esta fase de la historia, una tendencia generalizada entre los clubes austriacos fue la de reivindicar su pasado o identidad nacionalsocialista, como hizo, por ejemplo, el Wiener Sportklub, el único club que no aceptó jugadores o directivos judíos en sus filas, incluso antes de 1938. Los clubes que no podían presumir de tales conexiones intentaban compensarlo reclutando a miembros de las SA, las SS o el NSDAP en sus filas directivas, como hizo el Rapid de Viena nombrando a Otto Steinhäus, jefe de la policía vienesa, como presidente honorario y ofreciendo al director deportivo y teniente de alcalde de Viena, Thomas Kozich una insignia de oro honorífica. La WAC hizo lo mismo con Otto Smolik, un oficial de distrito de la capital austriaca que había sido miembro del entonces ilegal Partido Nacional Socialista desde mucho antes de 1938. La ventaja era mutua: por un lado, el partido podía presumir de tener conexiones con los clubes más prestigiosos de la ciudad y, por otro, gracias a la presencia de personalidades influyentes en sus filas, los clubes podían obtener favores como permitir a sus jugadores aplazar su marcha al frente o permanecer cerca de Viena para participar en los partidos de liga. Otra ventaja era que podían evitar que sus jóvenes atletas se unieran a las filas de las Juventudes Hitlerianas u otras organizaciones similares.

La "conciencia de raza" llegó por primera vez al fútbol austriaco. Muchos equipos pequeños fueron desmantelados porque sus campos se utilizaron para el entrenamiento del ejército. En las escuelas, en cambio, el fútbol era menos acosado e incluso fomentado.

Todo esto significó que la perspectiva y la ambición de los jóvenes de convertirse en campeones y jugar en su propio equipo o de defender los colores de su selección nacional habían disminuido. En las calles de Viena, cada vez había menos niños jugando al fútbol. A este respecto, el *Sport-Tagblatt* escribió:

> "Durante décadas, los jóvenes utilizaban las medias de sus madres para montar balones, en una época en la que cada calle de la ciudad tenía su 'Horvath', 'Schindi' o 'Uridil' y los niños mostraban su excelente técnica en las calles. Hoy en día, nuestra juventud ya no siente la necesidad de practicar su deporte favorito debido al cambio de circunstancias".

Al finalizar la primavera de 1938, el Reich se centró en su objetivo principal: la abolición del fútbol profesional austriaco. Para ello, el régimen se encargó de proporcionar a cada futbolista una nueva profesión.

En los periódicos aparecieron varios artícuos que mostraban a jugadores y exjugadores en sus nuevas ocupaciones. En uno de ellos se mostraba a Sindelar trabajando en su café, el Annahof, y se leía: "Sindi cuida de sus clientes", en otro se retrataba a Wilhelm Hahnemann en una oficina municipal trabajando en apoyo de los discapacitados y se informaba: "Preciso y exacto, tanto en el área penal como al escribir a máquina", a Stefan Skoumal, que era carpintero, se le describía así: "No es de extrañar que sus pases sean tan precisos como vigas de madera cortadas con exactitud", y Josef "Pepi" Stroh, que trabajaba en una gasolinera, fue retratado y al pie de la imagen se leía: "Vende gasolina y firma autógrafos". Otros jugadores que encontraron o recibieron trabajo fueron Hans Pesser, Karl Adamek, Franz Binder, Johann Mock, Anton Schall, Karl Sesta y Karl Zischek. Los dos últimos, al igual que Sindelar, habían recibido una licencia para abrir un café.

El fútbol volvió así al modelo *amateur* y el campeonato austriaco se convirtió en uno de los campeonatos regionales cuyo ganador se enfrentaría a los vencedores de las otras Gauligen (campeonatos regionales al final de los cuales los ganadores compiten en el campeonato alemán, un formato que incluía rondas y luego eliminatorias) en el campeonato alemán, un torneo por eliminatorias que continuaría durante los años de guerra. En la edición de 1938 de la Tschammerpokal participarían los ocho mejores equipos austriacos, aunque el formato cambiaría al año siguiente e incluiría menos equipos. En Alemania, los clubes que se resistían a cumplir los dictados del fútbol *amateur* se arriesgaban a ser cancelados. Esta fue, por ejemplo, la sanción a la que se arriesgó el Schalke 04 en el otoño de 1930. Curiosamente, en pocos años el Schalke se

convertiría en el equipo más popular del Reich y, por tanto, en el que más se reflejaría el régimen nacionalsocialista. Además, desde el *Anschlussspiel,* varios jugadores y entrenadores austriacos se trasladaron al *Altreich*: Josef "Pepi" Uridil, por ejemplo, la antigua estrella del Rapid de Viena y de la selección austriaca durante la década de 1920, pasó a entrenar al equipo alemán Schwarz-Weiß Essen.

Se sabe poco sobre la actitud de los jugadores hacia el *Anschluss* y el Partido Nacional Socialista. Muchos de ellos nunca hablaron públicamente o se declaraban apolíticos. Sin embargo, el Partido Nacional Socialista tenía una presencia consolidada en el parlamento austriaco antes de ser prohibido. No se puede descartar que algunos jugadores austriacos, que en su mayoría habían crecido en la periferia de la capital, donde estaban arraigados los movimientos obreros, no vieran con buenos ojos la anexión a Alemania y el posterior ascenso del nacionalsocialismo.

Una persona que no ocultaba sus inclinaciones nacionalsocialistas era Johann Mock, conocido como Hans. Como reveló Franz Schwarz, hijo del expresidente de Viena Emanuel Schwarz, en una entrevista de 2008, Mock ya había sido miembro de las entonces ilegales SA y del NSDAP (Partido Nacionalsocialista Obrero Alemán) en los años anteriores a 1938. A partir de 1938, acudía regularmente a la concentración de su equipo con un brazalete de la SA. Él, más que nadie, no dudaría en aceptar la convocatoria de la selección alemana para el próximo Mundial.

III

Ni siquiera un mes después de la anexión de Austria al Reich, el Ministro de Deportes del gobierno nacionalsocialista, Hans Von Tschammer und Osten, organizó un partido amistoso para sellar la fusión de las dos asociaciones de fútbol: *der Anschlussspiel,* o el partido de conexión, una oportunidad para admirar al *Wunderteam* y sus jugadores, que, si aceptaban formar parte de la selección alemana, participarían en el próximo Mundial de Francia.

Sepp Herberger, el seleccionador alemán, era consciente de que recurrir al *Wunderteam* significaba crear una mezcla perfecta entre el vigor físico y atlético de los alemanes y el fútbol de vanguardia que expresaban los austriacos. El reto de combinar dos estilos tan diferentes sería bien recibido por el entrenador alemán: en 1930, cuando estudiaba en Berlín, había escrito una disertación sobre la importancia del *combination soccer* y del *passing game*. El acto estaba previsto para el 3 de abril.

En comparación con los años dorados del *Wunderteam*, ya no participaban figuras destacadas como Anton Schall, que ya tenía 31 años y sufría una afección cardíaca que limitaba su rendimiento y le obligaba a retroceder a la defensa, Josef Bican, que había huido a Checoslovaquia el año anterior, Karl Zischek y Camillo Jerusalem, que habían emigrado a Francia, donde permanecerían unos años. Walter Nausch también había hecho las maletas: él y su esposa Margoth, una nadadora judía de Hakoah, habían huido a Suiza, donde Nausch empezaría a jugar en el Grasshoppers y luego se convertiría en ayudante de Karl Rappan. De hecho, la dirección del Reich le había ofrecido un contrato para entrenar a una selección regional con la condición de que se divorciara de su mujer, pero el jugador se negó.

Para Alemania se trataba de una celebración deportiva, no de una batalla contra un enemigo a derrotar. También fue una oportunidad para que Herberger viera a algunos de los jugadores europeos más respetados de la época, que pasarían a reforzar las filas de la selección alemana. En Berlín y en la prensa local casi nadie se oponía a la posibilidad de crear una selección nacional más inclusiva que incluyera a jugadores de Ostmark, a pesar de que algunos de estos eran bohemios y, por tanto, no se ajustaban al ideal ario. La victoria, como en el caso de la Italia de Mussolini, que ya contaba con varios orientales en sus filas desde hacía algunos años, primaba sobre todo y habría justificado cualquier elección. Además, durante los Juegos Olímpicos de 1936, organizados en Berlín, la superioridad aria en el deporte ya había sido desmentida: cuando el atleta afroamericano Jesse Owens venció a Luz Long en el salto de longitud, Hitler se puso en pie y, admirado, aplaudió las hazañas del atleta estadounidense, en contra de toda expectativa.

Para algunos de los jugadores del entonces desaparecido *Wunderteam*, el partido era una oportunidad imprescindible para escalar en la jerarquía del seleccionador alemán de cara al próximo Mundial. Para otros, las motivaciones eran más bien de carácter patriótico y pretendían reafirmar la superioridad del fútbol austriaco.

El partido comenzó bajo las órdenes del árbitro Alfred Birlem, de 50 años, obviamente de nacionalidad alemana, un viejo conocido de ambos equipos que había arbitrado un partido de la

Copa del Mundo en 1934 y que había sido el árbitro asistente del partido de cuartos de final entre Austria y Hungría.

Ese día, el Prater de Viena estaba salpicado de banderas con la cruz gamada. Se sentía más como Berlín o Nuremberg que como Viena, y una de las razones era el hecho de que solo siete días después se iba a celebrar el referéndum, con un resultado anunciado. Para promocionar el evento, los medios de propaganda alemanes utilizaron la imagen de algunos de los atletas más populares. El *Völkischer Beobachter*, por ejemplo, publicó una foto de Sindelar haciendo campaña a favor del referéndum, bajo la cual se leía: "Los jugadores agradecemos a nuestro Führer de todo corazón y votaremos SÍ". Ese mismo día apareció un artículo en el *Fussball-Sonntag* titulado "Nosotros y otros 600 000 futbolistas alemanes votaremos SÍ", acompañado de las firmas de los 22 jugadores que disputarían el partido.

Las gradas estaban llenas, 60 000 espectadores ocupaban las gradas del Prater. El estado mayor nazi estaba en la tribuna. Entre los presentes, el ministro Von Tschammer, Eberstaller –el exsecretario de la ÖFB, que había sido miembro del entonces ilegal Partido Nacional Socialista–, Felix Linnemann –presidente de la DFB– y Seyss-Inquart, nombrado canciller por unos días para firmar la Ley Constitucional. En contra de los rumores, no asistió Adolf Hitler, quien estaba en Graz para apoyar una campaña a favor del *Anschluss*.

Para diferenciarse de sus rivales, el *Wunderteam* vistió por primera vez una camiseta totalmente roja, sin bordes ni detalles blancos, ya que debía desaparecer cualquier referencia a Austria y su bandera. Por ello, también faltó la doble águila, símbolo de la nación que hasta ese día aparecía regularmente en las camisetas austriacas. El uniforme blanco lo pondría Alemania. Era domingo y el tiempo era típicamente primaveral, ideal para la ocasión.

El orador anunció las alineaciones:

OSTMARK: *Platzer; Schmaus, Sesta; Wagner, Mock, Skoumal; Hahnemann, Stroh, Sindelar, Binder, Pesser.*

ALEMANIA: *Jakob; Janes, Münzenberg; Kupfer, Goldbrunner, Kitzinger; Lehner, Gellesch, Berndt, Gauchel, Fath.*

Alemania alineó a ocho de los 11 miembros del equipo *Breslau-Elf,* apodo que se había ganado tras su victoria por 9-0 en un amistoso contra Dinamarca en la ciudad de Wroclaw, entonces bajo control alemán. Por su parte, el equipo austriaco presentó una alineación bastante diferente a la que había salido al campo en el último partido: se hicieron siete cambios. Uno de los recién llegados era Matthias Sindelar, que se había lesionado durante un partido de liga en 1937 y se había incorporado recientemente a la selección.

Siete de los jugadores alineados por Austria serían convocados por Herberger para la Copa del Mundo; tres no formarían parte de la expedición francesa, pero jugarían algunos amistosos y solo Matthias Sindelar no vistió el uniforme de la selección alemana.

El partido comenzó y desde las gradas, llenas de banderas rojiblancas y negras, llegaron los aplausos para los jugadores de ambos bandos. Fueron los alemanes los que se impusieron en la primera fase del partido. Con su vigor físico y su preparación atlética superaron al equipo austriaco en los primeros compases, Platzer intervino dos veces para mantener su portería indemne. Sindelar parecía estar en las últimas: después de todo, a los 35 años y con una rodilla maltrecha, su condición no era la mejor. Sin embargo, con el paso de los minutos, la técnica y la fluidez del juego de los austriacos comenzaron a mejorar y el propio Sindelar estuvo a punto de marcar un gol que un jugador de su calibre debería haber realizado. A continuación, llegó el turno de Franz Binder: el delantero centro del Rapid realizó un disparo desde 25 metros, que fue rechazado con cierta dificultad por el portero del Regensburg, Jakob, que se mostró un poco inseguro debido a la potencia del disparo realizado por el delantero austriaco. Unos minutos más tarde, la selección de Ostmark por intermedio de Hanhemann estrelló un balón en el travesaño que de rebote Binder no pudo poner al fondo de la red. Desde las gradas se escuchaba a coro "¡Binder, despierta!". Al día siguiente, los periódicos vieneses no fueron benévolos con su delantero centro: *Sport-Tagblatt,* por ejemplo, escribió: "Binder torturó a los espectadores". La primera parte terminó con el resultado de 0-0.

Durante el descanso, dos de los suplentes del equipo austriaco, el portero del Austria Viena, Rudolf Zöhrer, y el defensa del Admira, Otto Marischka, se pasearon por el campo con un cartel que decía: "Los deportistas votan SÍ". Después llegó el momento de los discursos: tras una breve intervención del recién elegido alcalde de Viena, Hermann Neubacher, Hans Tschammer und Osten tomó el micrófono y declaró:

"Queridos seguidores del fútbol vienés y amigos del fútbol en general, ¡querida comunidad futbolística! He leído que el fútbol austriaco está supuestamente muerto. Me gustaría declarar que esto es una gran mentira. También declaro que el fútbol austriaco sobrevivirá, y lo hará junto al fútbol alemán. El arte del fútbol vienés y la Escuela de Viena son únicos en el mundo, seríamos tontos si quisiéramos destruirlos. Por lo tanto, el fútbol vienés continuará, al igual que los jugadores que están viendo hoy. Hoy representa, en el desarrollo de la vida del fútbol alemán, un momento histórico. Al finalizar el partido, los jugadores alemanes se darán la mano con sus colegas austriacos. Así, el deporte alemán colaborará eternamente con el deporte austriaco por el gran Reich. Nuestro pueblo también debe estar unido en el deporte. ¡Viva Alemania, el deporte alemán y el Führer!".

La segunda parte parecía iniciar tal como la primera, con los alemanes amenazando la portería de Platzer al contraataque, pero al cabo de unos minutos, Ostmark se adelantó: en el 62, Sindelar marcó el 1-0 con un preciso disparo tras el poste de Binder y la asistencia de Stroh.

A partir de ese momento, el juego cambió radicalmente. Gracias a un potente tiro libre desde unos 45 metros, Sesta dobló el marcador. A partir de ese momento, el resultado fue inamovible. El partido terminó con dos goles a favor del equipo local. *Der Papierene* y *Der Blader*, el Hombre de Papel y el Gordo, como se apodaba a Sindelar y Sesta, fueron los hombres decisivos. Quizás los dos jugadores que menos representaban el ideal de atleta ario mitificado por la propaganda de Goebbels.

Ese fue el segundo gol del defensa del Austria Viena con su selección, de nuevo contra Alemania y de nuevo con un tiro libre desde fuera del área. El *Neue Wiener Tagblatt* calificó la hazaña como "un golpe de suerte" y culpó al portero Jakob, que estaba demasiado lejos de la portería, del gol. El *Völkischer Beobachter, por su* parte, elogió a Sesta como el mejor jugador del partido. Además del gol, el periódico escribió que el defensor austriaco había bloqueado "casi en solitario" las acciones ofensivas alemanas por la banda izquierda. En el mismo artículo, el periodista también comentaba otras actuaciones individuales, como las de Sindelar y Stroh, que habían demostrado "una gran técnica y una excelente condición física".

Sin embargo, no todo el mundo estuvo de acuerdo con la actuación de Sindelar: *Neue Wiener Tagblatt,* el periódico que más había menospreciado la actuación de los austriacos, afirmó que tanto Sindelar como Binder, a pesar de haber participado en la acción del primer gol, habían actuado por debajo de la media de sus compañeros.

IV

Desde el final de la guerra, proliferaban los mitos sobre el *Anschlussspiel* que han llegado hasta nuestros días. Mitos que aparecieron en la prensa de aquella época y que en los últimos años han llegado a los *blogs* de los aficionados de todo el mundo.

Se creó una narrativa para satisfacer la necesidad de los austriacos de distanciarse de los años de guerra y de la barbarie que le siguió. Salieron a la luz historias de resistencia, de las cuales han surgido auténticos héroes nacionales. Uno de ellos fue el vienés Anton Schmid, fusilado en Vilna en 1942 porque, como soldado de la Wehrmacht, ayudó a 250 hombres, mujeres y niños judíos a evitar los campos de concentración proporcionándoles documentos falsos y, en algunos casos, permitiéndoles escapar de la prisión de Lukiski.

Más adelante, estos eventos también involucrarían al mundo del deporte. La persona que mejor se prestó a este juego fue Matthias Sindelar. Él era un personaje muy prescindible: nunca había vestido la camiseta de la selección alemana, jugó casi toda su carrera en el Austria de Viena, un club vinculado a la burguesía judía de la ciudad, y mantenía excelentes relaciones con la dirección de su club, como atestigua la carta que escribió a su antiguo presidente, Emanuel Schwarz, el día en que este se vio obligado a dejar su cargo. Además, Sindelar era considerado por todos como el mejor intérprete del *Scheiberlspiel*, el estilo de juego que Meisl imprimió a su selección, y la figura fundamental de los éxitos de su equipo nacional.

Sin embargo, aquí se acaban los hechos históricos verificables y probados y comienzan las leyendas que viajarían desde Viena a todo el mundo.

La primera inexactitud que se difundió se refería al ambiente previo al *Anschlussspiel*: algunos afirmaban que el resultado final debería haber sido una victoria alemana, mientras que otros hablaban de un empate. Según los defensores de la primera teoría, una

victoria alemana habría puesto de manifiesto la superioridad de la patria sobre la provincia, mientras que un empate habría dejado a todos contentos. La verdad es que el Tercer Reich no se había preocupado en absoluto de favorecer un resultado sobre otro: se trataba de una celebración, y debía interpretarse como tal. Los altibajos del partido lo demostraron: un buen comienzo de los alemanes fue contrarrestado por la remontada de los austriacos, que, gracias a su superioridad técnica, se llevaron la victoria. Además, de los archivos de Herberger se desprende que Linnemann había dicho a los jugadores alemanes que, aunque se trataba de un partido especial, la victoria debía llegar sin enfrentamientos ni intervenciones duras. Herberger escribió: "No podríamos haber hecho un favor mayor a los austriacos", ya que el equipo dirigido por Sindelar era claramente superior en términos de juego. Günther Doubek, un niño de 12 años en aquel momento, que vio el partido desde el sector A del estadio, dijo: "Cuando un jugador se cayó, el rival le ayudó a levantarse inmediatamente. Como hacíamos los chicos cuando jugábamos en el campo de Ottakring".

Los historiadores y reporteros estaban divididos acerca del comportamiento de los aficionados en las gradas: algunos, como Wolfgang Maderthaner, informaron de una gran presencia de miembros del partido y de las SA, las SS y la Wehrmacht en las gradas, ocupando sectores enteros, mientras que otros señalaron una buena representación de aficionados austriacos que acudieron a apoyar a sus compatriotas contra los *piefkes*, un término despectivo para los alemanes.

El segundo mito tenía que ver con el uniforme que usaron los jugadores austriacos: se decía erróneamente que el Ostmark llevaba un uniforme rojo por primera vez y que esta decisión fue tomada por Matthias Sindelar. De hecho, la selección austriaca –como dijimos anteriormente– ya había vestido la camiseta roja en partidos amistosos, al menos en tres ocasiones: 1930, 1932 y en 1936 contra la selección inglesa. La peculiaridad del uniforme aquel día, si acaso, fue la ausencia de referencia a la bandera austriaca.

Incluso el gol que rompió el empate se reportó equivocadamente: mucha gente dijo que era un gol espectacular que Sindelar había anotado desde 30 metros, cuando en realidad lo hizo desde el área penal. Un gol normal para un delantero de su nivel. Los cartones publicados en la revista *Sport-Montag,* el día después del partido, dan fe de ello.

Aún en los años posteriores al final de la guerra, se decía que Sindelar había animado con un baile frente a la tribuna ocupada por los nazis, al igual que Sesta, ocho minutos después. Nada más lejos de la realidad: Sindelar y Sesta simplemente se alegraron. Particularmente Sindelar sabía, entre otras cosas, que esta sería su última aparición internacional ante su público. Dos ovaciones y nada más, como confirmó el *Ostmark-Wochenschau-Bericht* al día siguiente. La noticia describe a Sindelar saltando de alegría rodeado de sus compañeros durante unos segundos antes de dirigirse al círculo del centro del campo. El cronista del *Völkischer Beobachter* escribió en cambio que Sindelar se había acercado a la tribuna donde estaban sentados los camaradas nazis, pero que lo haría por un valor propagandístico del evento. Günther Doubek aportó algunos detalles adicionales, afirmando que, aunque el júbilo de Sindelar tuvo lugar frente al sector B, donde también se encontraba la tribuna, el gesto podría haberse dirigido con seguridad al centenar de aficionados austriacos de la tribuna superior que habían cantado el estribillo "¡Sindi!".

Cuando llegaba el momento de entregar las medallas y las recompensas, los jugadores se acercaban al círculo central en fila india para saludar a los funcionarios. Cuando se ordenó el saludo nazi, acompañado del grito "¡Heil Hitler!", de los 22 jugadores, solo dos no respondieron a la invitación: Sindelar y Sesta. Ambos habrían cumplido dos semanas de cárcel. Sin embargo, no hay ninguna prueba, visual o impresa, que corrobore este curso de los acontecimientos. Una vez más, el cronista del *Völkischer Beobachter* relató con precisión el momento de la despedida:

> "Tras realizar el saludo nazi (*Sieg Heil*), los jugadores se dieron la mano en el centro del campo y marcharon con fuertes cánticos bajo la tribuna. Allí Sindelar fue felicitado por el director deportivo del Reich y tras decir *Sieg Heil* al director deportivo, los equipos abandonaron el campo mientras eran vitoreados por los aficionados".

Las declaraciones de Sindelar después del partido se centraron en lo ocurrido sobre el terreno de juego y en la merecida victoria de la selección austriaca:

> "Vimos un juego rápido y agradable que alcanzó su punto más alto al comienzo de la segunda parte. Hicimos más para conseguir la victoria. Los alemanes realizaron algunos buenos intercambios, pero les costó llegar al área. Estoy muy contento con la actuación del equipo, todos lo hemos dado todo. Estamos muy contentos de que el último partido del equipo austro-alemán haya coincidido con una victoria".

Las reacciones de los periódicos también fueron bastante apagadas y se concentraron en lo sucedido en el terreno de juego, sin hacer hincapié en ningún otro aspecto. Los periódicos austriacos celebraron la hazaña en tono entusiasta, mientras que los alemanes restaron importancia a la derrota con titulares como: "El fútbol alemán florece en Austria", "La Selección Nacional fue derrotada por su excelente juego" y "El once de Austria para el Mundial". Pocos destacaron la superioridad del *Wunderteam*, uno de ellos fue el *Neue Freie Presse* que escribió: "Triunfo de la escuela de fútbol vienesa". El *Völkischer Beobachter*, por su parte, argumentó que el objetivo del partido se había conseguido: había garantizado una excelente publicidad de cara al próximo referéndum.

CAPÍTULO 9

EL MUNDIAL DE 1938 Y LA LLAMADA A LAS ARMAS

"A pocos meses de la partida de la selección alemana hacia el Mundial de Francia, la agenda del joven entrenador Sepp Herberger seguía llena de preguntas a las que aún no había dado respuesta, pero que ya circulaban por los periódicos. ¿La notoria pirámide vienesa ideada por Meisl o la WM, utilizada hasta entonces por la selección alemana? ¿Un estilo de juego centrado en la fuerza, como era tradicional en Alemania, o el austriaco, basado en cambio en el Scheiberlspiel y más proclive a favorecer la individualidad y los pases cortos? ¿O tal vez un cruce entre los dos? La resolución de estas cuestiones implicaría también un debate con los dirigentes de la DFB. En aquellos meses, los periódicos habían señalado a menudo que los dos estilos de juego diferentes reflejaban dos formas distintas de entender la vida: por un lado, la 'Wiener Schmäh', la filosofía vienesa según la cual la vida no debe tomarse demasiado en serio, y por otro, la mentalidad alemana, más vinculada a conceptos como la seriedad y la aplicación. Sepp Herberger sabía que, si fallaba, no se libraría de las críticas de los altos cargos. Pero también era conciente de que una victoria significaría la glorificación de su obra. Tras el tercer puesto de Alemania en 1934 bajo la dirección de Otto Nerz —que había dimitido tras un resultado decepcionante en los Juegos Olímpicos de 1936—, este iba a ser el año de la consagración. Y debía pasar de sus manos".

I

El duelo entre el fútbol austriaco y el alemán al más alto nivel había comenzado en 1938, cuando los mejores equipos vieneses y alemanes —en ese momento ambos bajo la égida del Tercer Reich— empezaron a batirse en la liga alemana y en la Tschammerpokal.

En el plano deportivo, el *Anschluss* también habría representado la fusión de dos formas de interpretar el fútbol. Durante la experiencia en el frente, la práctica del fútbol había arraigado especialmente entre los soldados alemanes desplegados en las zonas menos batidas del Frente Occidental. El hecho de que el fútbol naciera en un contexto en el que existía una frágil contigüidad entre la vida y la muerte configuró algunas de sus características, como el énfasis en la confrontación física. A partir de 1919, el fútbol se convertiría en el deporte del proletariado y se extendería entre las fraternidades universitarias, dando lugar a ceremonias como la *salamandra*, la práctica de emborracharse después de los partidos.

A diferencia de Austria, el fútbol alemán nunca fue un fenómeno urbano. En las distintas regiones del Tercer Reich se disputaban los Gauligen.

El carácter regional del fútbol alemán también se reflejaba en la composición de los equipos: mientras que los equipos vieneses incluían un buen número de jugadores provenientes de familias de distintos rincones del imperio, los jugadores alemanes habían sido criados en una determinada región y ciudad y hablaban con fluidez el dialecto local por lo que era fácil que los aficionados se identificaran. Cuando el Schalke 04 se enfrentó al Admira de Viena en la final del campeonato alemán de 1939, el equipo alemán había alineado un 11 formado exclusivamente por jugadores nacidos en la región del Ruhr, en Gelsenkirchen, entre los que se encontraban los legendarios delanteros Fritz Szepan y Ernst Kuzorra.

Fue el Schalke 04 el que dominaría el fútbol alemán durante esa década. Se había convertido en el equipo más popular del Reich y en el orgullo deportivo de una nación que no había destacado a nivel internacional. Así nació el *Schalker Kreisel*, un estilo de juego más afín al fútbol austriaco que al tradicionalmente favorecido por los equipos alemanes.

Antes de 1938, no hubo muchos partidos entre las dos selecciones nacionales: prácticamente fueron encuentros amistosos y no muy sentidos, tanto como los de las selecciones de Austria, Hungría, Italia y Checoslovaquia.

El primer partido desde el final de la Gran Guerra entre ambos sucedió el 26 de septiembre de 1920 y terminó 3-2 a favor de los austriacos, gracias a un triplete de Jakob Swatosch. Otros encuentros notables fueron las victorias por 6-0 y 5-0 a favor de los hombres de Meisl durante el apogeo del *Wunderteam* siete años antes.

Luego vino la semifinal mundial de consolación de 1934, ganada por Alemania, pero ni siquiera esa circunstancia fue parámetro suficiente para establecer el verdadero equilibrio entre ambas formaciones y, tras años de congelación de las relaciones institucionales entre los dos países, el *Anschlussspiel* de 1938, cuyo valor simbólico y político, sin embargo, iba mucho más allá del técnico.

En el continente, el *Wunderteam* austriaco gozaba ciertamente de mejor reputación: era el equipo de Matthias Sindelar y el fútbol concebido por Hugo Meisl y Jimmy Hogan, un equipo que partía como favorito para la Copa del Mundo de 1934 y cuyos jugadores eran conocidos por el gran público gracias a su triunfo en la Copa Internacional de 1932 y el éxito de algunos de ellos en la Copa Mitropa. Las selecciones alemanas, al no haber participado nunca en la Copa del Mundo, eran todavía una incógnita en el panorama futbolístico europeo.

En 1938, también se intensificaron los enfrentamientos entre los clubes alemanes y austriacos. El 8 de junio de 1939, en un partido que celebraba el 40 aniversario de la fundación del Rapid, el equipo austriaco derrotó al campeón alemán, el Hannover 96, con un contundente 11-1. Una superioridad que quedó a la vista de todos, aunque el *Reichssportblatt* intentó restarle importancia a la derrota hablando de una "merecida victoria del equipo más experimentado". A partir de entonces, los enfrentamientos entre los equipos vieneses y alemanes serían cada vez más frecuentes en las competiciones organizadas por el Tercer Reich.

A nivel internacional, el estilo de juego alemán ya había recibido duras críticas en su país, después de su eliminación de los Juegos Olímpicos. Otto Nerz estaba en el banquillo de los acusados, y según los jugadores y la prensa era culpable de una preparación física demasiado centrada en la fuerza y la velocidad, un entrena-

miento que algunos llegaron a calificar de "militar". Karl Hohmann, el delantero centro del equipo, dijo: "No tuvimos tiempo de hacer nada más".

Más tarde, Sepp Herberger, que sucedió a Nerz, revitalizó la selección nacional promoviendo a jugadores menos físicos pero más técnicos, como el delantero centro Fritz Szepan. Gracias a estos cambios, la selección alemana pasó a llamarse *Breslau-Elf* en 1937.

II

Mientras tanto, el *Wunderteam* se había disuelto y, por tanto, no tenía una segunda oportunidad de competir por la Copa del Mundo. O mejor dicho, algunos jugadores podrían, pero vistiendo el uniforme blanco de Alemania.

De los 11 jugadores que se habían enfrentado a Alemania y la habían derrotado en el *Anschlussspiel*, varios fueron convocados por Herberger y pocos rechazaron la invitación del seleccionador alemán para participar en el Mundial de Francia. Los siete jugadores austriacos que habían participado en el partido unos meses antes y que fueron seleccionados eran: Mock, Stroh, Hahnemann, Skoumal, Pesser, Schmaus y Wagner. Además del polifacético portero del Rapid, Raftl –que probablemente fue convocado por la lesión de Platzer– y el joven Leopold Neumer, un talento de 19 años procedente del Austria de Viena.

Pero Binder no fue convocado. La razón de esta elección fue probablemente de carácter táctico: Franz Binder era un extraordinario delantero centro, pero poco versátil. Era el típico delantero puro que no podía adaptarse a una posición más descentralizada – Hace unos meses descubrí que esta información no es totalmente correcta, así que diría: Franz Binder era un extraordinario delantero que a pesar de ser de los mejores atacantes de su tiempo fue descartado, posiblemente por razones tacticas.

El seleccionador alemán había logrado su objetivo de reforzar a Alemania recurriendo a la selección austriaca más condecorada. Sin embargo, esto era solo la mitad de la historia, ya que algunas de las estrellas de ese equipo habían rechazado la invitación o se habían trasladado al extranjero por diversas razones.

Herberger fracasó en sus repetidos intentos de convencer a Matthias Sindelar para integrarse a ese proyecto. Durante esos meses en Viena circularon rumores sobre reuniones privadas entre Sin-

delar y el seleccionador con el objetivo de que el campeón austriaco se replanteara sus reticencias a jugar con otra camiseta. Pero
Sindelar no mostraba la intención de redimir la derrota de cuatro
años antes, y menos con una camiseta que no fuera la blanca de
Austria. Además, sus apariciones con la selección austriaca habían
disminuido drásticamente desde mucho antes del *Anschluss*, debido a sus problemas de rodilla. Así que Herberger cambió sus planes iniciales: en un documento escrito a lápiz y con anotaciones al
margen afirmaba:

> "El nombre de Sindelar siempre estará ligado al éxito y
> la fama de la selección nacional austriaca. Con el tiempo
> se convirtió en el emblema del estilo de juego conocido
> como la Escuela de Viena. Sin embargo, tampoco puedo
> ignorar el hecho de que su rendimiento disminuyó debido
> a la edad. Durante mi estancia en Viena, los líderes de la
> selección nacional austriaca manifestaron todos el mismo
> problema: ¡la edad! Pero no puedo ignorar sus logros,
> aunque me haya pedido explícitamente por teléfono que
> no le llame".

Sin embargo, la forma en que estaba redactado el documento sugería que Herberger, al menos al principio, estaba seguro de
poder contar con Sindelar: en todas las formaciones aparecía el
2-3-5 como forma —al contrario de lo que Herberger había experimentado antes de 1938— y Sindelar como delantero centro. Herberger fue uno de los primeros en Alemania en distanciarse del
esquema WM en favor de la pirámide vienesa. Más adelante, esa
forma también arraigaría en varias formaciones alemanas. En una
entrevista de marzo de 1941, el director deportivo bávaro Ober-
huber calificó el sistema de pionero y obligó a clubes como el FC
Nürnberg, el Greuther Fürth y el Augsburgo a adoptarlo. Según él,
la figura del *stopper* en lugar de un centrocampista central era una
"enfermedad inglesa", por lo que había que abandonar el 3-2-2-3
típicamente adoptado por los alemanes.

En la primera alineación de Herberger figuraban el portero, la
defensa y el centro del campo de Alemania y la línea ofensiva de
Austria, que además de Sindelar incluía a Stroh, Neumer, Hahnemann y Binder. En una nota lateral, Herberger escribió: "Szepan
está fuera de forma". Herberger añadió que la DFB, a través del
Sportgauführer Freidrich Rainer, había organizado dos partidos
amistosos, uno contra el Aston Villa y otro contra la selección
nacional de Inglaterra, antes del Mundial. En un caso, Herberger
debía presentar una alineación puramente alemana y, en el otro,
un equipo formado íntegramente por austriacos. Nerz le había in-

formado de esta decisión, alegando que Tschammer und Osten querían ver tanto a Sindelar como a Sesta en acción. En sus notas, Herberger subrayó que mientras Sindelar era un fijo para él, Sesta no era tan prioritario y denunció su carácter tormentoso.

Se dice que uno de los compañeros de Karl Sesta contó una violenta discusión entre el defensa y el entrenador alemán años más tarde. Durante una sesión de entrenamiento en la que habían participado tanto jugadores alemanes como austriacos, Sesta, tras ser llamado por su entrenador, se enfadó y le gritó: "Idiota, tú nunca has jugado al fútbol, ¿cómo pretendes enseñarnos a jugar? ¡Solo puedes mirarnos!".

En tanto, Ostmark jugaría un partido amistoso en Krefeld, una pequeña ciudad alemana, ante unos 5000 espectadores. Uno de ellos fue el propio Herberger, que poco después del partido se acercó a Sindelar y trató de convencerle de nuevo. Pero, una vez más, en vano, hasta el punto de que el entrenador escribió en sus notas: "¡Como en Viena!", haciendo referencia al primer rechazo del jugador.

Unos 30 años después, el entrenador afirmó que tenía la impresión de que, aunque el jugador no se lo había dicho explícitamente, la negativa de Sindelar se debía a razones no futbolísticas, es decir, que sentía cierto malestar por los acontecimientos políticos que le rodeaban y, por tanto, no quería representar al Tercer Reich. De hecho, cuando la selección alemana –formada íntegramente por jugadores austriacos– se enfrentó al Aston Villa en Berlín, Sindelar no saltó al campo.

Una de las órdenes de la DFB a Herberger fue componer una formación con mitad de jugadores alemanes y mitad austriacos, o cinco austriacos y seis alemanes, o viceversa. Herberger se enteró de este dictamen tras una reunión en Szczecin –que formaba parte de Polonia– en la que Felix Linnemann, como portavoz de la DFB, le instó a hacerlo, afirmando que ese era el deseo del Führer. Herberger, aunque se oponía, había considerado convocar a la mayoría de los delanteros austriacos junto a los defensas y centrocampistas alemanes, ya que los delanteros habrían sufrido menos por un posible cambio de forma. Entre 1938 y 1945, unos 116 jugadores austriacos fueron convocados a la selección alemana, 73 de ellos delanteros.

Uno de los temores de Herberger eran las divisiones internas entre los jugadores austriacos y alemanes. En uno de los primeros entrenamientos de la selección alemana tras el *Anschluss*, se produjo una disputa entre el delantero alemán Fritz Szepan y el austriaco Joseph Stroh: este hizo un largo regate con la derecha, la izquierda y la cabeza delante de Szepan, provocando los aplausos de sus compañeros austriacos, y Szepan repitió el mismo regate y lanzado el balón a la red, despertando la aprobación de los jugadores alemanes. Debido a esta y otras escaramuzas, el seleccionador se esforzó por superar estos obstáculos enfrentándose a los jugadores alemanes más maduros y experimentados, como Münzenberg, Goldbrunner, Janes y Lehner. También habló con Szepan, cuya actitud era a menudo irreverente, y con los austriacos Schmaus y Mock, y tuvo la impresión de que había conseguido la cooperación de ambas partes.

III

La edición francesa de la Copa del Mundo, la tierra natal de su fundador Jules Rimet, mantuvo un formato bastante similar al italiano: un gran número de estadios capaces de albergar los partidos, rondas a partir de los octavos de final y eliminación directa —en la primera edición de la posguerra, en 1950, el formato cambiaría sustancialmente— y repeticiones en caso de empate incluso después de la prórroga (aún no se habían introducido los penaltis).

Uruguay y Argentina declinaron la invitación: hubieran querido que Europa y Sudamérica se alternaran en la organización del evento, cosa que no ocurrió. Alemania también se había postulado como país anfitrión, pero no obtuvo ningún voto, en parte porque ya había sido sede de los Juegos Olímpicos dos años antes y los dirigentes de la FIFA no querían que el régimen nacionalsocialista hiciera un uso instrumental y propagandístico del evento, como había ocurrido en Italia cuatro años antes. Por tanto, el contendiente sudamericano más formidable era Brasil, que volvió con su as número uno: Leônidas.

Francia, cuya capital había sido diez años antes el lugar del Pacto Briand-Kellogg —llamado así por el mediador francés Briand y el estadounidense Kellogg—, con el cual las grandes potencias se comprometieron a no volver a entrar en guerra.

Además de las selecciones rioplatenses, en la lista de los favoritos faltaba, por supuesto, Austria: el *Wunderteam* había clasificado para el Mundial tras su victoria por 2-1 sobre Letonia, gracias al gol de Franz Binder. La ÖFB había elegido a Ludwig "Luigi" Hussak, la antigua estrella del Amateurc de principios del siglo XX, como entrenador del equipo a la Copa del Mundo. Hussak formó tres equipos para seleccionar a los jugadores mundialistas: el equipo

titular, el segundo equipo y una selección de jóvenes promesas. Sin embargo, como entrenador, la primera opción fue una vez más Jimmy Hogan. Unos meses después se produjo el *Anschluss* y con él, el fin de la selección nacional austriaca. La geografía del fútbol cambió radicalmente: ni los dos finalistas de 1930 ni el que se consideraba el equipo favorito de 1934 participarían en la Copa del Mundo. De este modo, Suecia, que había sido designada como rival de Austria en el sorteo, pasó directamente a los cuartos de final. El campeón defensor, Italia, estaba allí, invitado por defecto junto con el equipo organizador. Las otras potencias futbolísticas centroeuropeas, Hungría y Checoslovaquia, también asistieron. Aunque Francia no era una de las favoritas, todos la consideraban un equipo superior al de 1934, ya que contaba con jugadores como el austriaco Auguste "Gusti" Jordan, que estaba en el país desde 1933 y había obtenido un pasaporte francés. El antiguo portero del *Wunderteam*, Rudolf Hiden, también había seguido el mismo camino, convirtiéndose en Rodolphe para todos, pero solo jugaría un partido con la selección francesa en 1940.

IV

Contra todo pronóstico, la "Alemania de los austriacos" no consiguió superar a Suiza en los octavos de final. La selección suiza estaba considerada como una de las "cenicientas" del evento, una selección que en todas las ediciones de la Copa Internacional disputadas hasta entonces había terminado puntualmente en la parte baja de la tabla. Herberger había alineado a cinco jugadores austriacos para la ocasión: Raftl, Schmaus, Mock, Hahnemann y Pesser.

El resultado fue un decepcionante 1-1, con un gol del alemán Gauchel respondido por el suizo André Abegglen. Uno de los jugadores austriacos, Hans Pesser, fue el principal objetivo de la prensa alemana al día siguiente: había sido expulsado por una falta de reacción contra el suizo Minelli en la primera parte de la prórroga, y para los periódicos del Reich este episodio contribuyó a aumentar el rencor de los aficionados hacia la selección alemana. Pesser, que también fue inhabilitado para otros partidos en la competencia, fue suspendido de la selección nacional durante dos meses a petición de Felix Linnemann. De hecho, los problemas de Pesser con la selección alemana habían comenzado antes de su llegada a Francia: era uno de los jugadores a los que más les costaba seguir la dura rutina impuesta por su entrenador, que incluía levantarse a las ocho de la mañana y empezar los entrenamientos poco después. Herberger tampoco estuvo exento de críticas: los periódicos le reprocharon haber colocado al "gitano" Hahnemann fuera de lugar.

El entrenador alemán parecía muy preocupado, temía las reacciones de Berlín en caso de una salida anticipada del escenario y pensó en revolucionar la formación de cara a la repetición. También era consciente de que un equipo nacional que aspiraba al título mundial debía ganar a Suiza sin demasiadas dificultades, también porque en su camino hacia la victoria final Alemania se encontraría con rivales mucho más equipados e insidiosos. La repetición se jugó cinco días después. Mientras tanto, los principales aspirantes al título habían llegado a los cuartos de final.

Los 20 000 espectadores del Parque de los Príncipes eran todos para Suiza, al igual que los 27 000 que vieron el partido cinco días antes. Durante los 90 minutos, el coro más frecuente en las gradas fue "¡Hopp Schwitz!". Las intenciones de Hitler habían quedado claras y los franceses sabían que —al igual que los nazis habían reocupado Renania en violación del Pacto de Versalles— podían extender sus objetivos expansionistas a otros países. Ellos y cualquier otro que les hiciera un guiño, como la Italia de Mussolini, eran los enemigos a los que había que derrotar y arremeter con cánticos desde las gradas.

Volviendo al doble desafío entre Alemania y Suiza, la casualidad quiso que los dos árbitros designados fueran dos de los directores de partido que, más que nadie, habían marcado la entonces corta historia de la competición: Langenus y Eklind. Langenus había arbitrado la encarnizada final de la Copa del Mundo de 1930, teniendo que lidiar con las diatribas entre los jugadores de ambos bandos por cada pequeña cuestión —incluida la elección del balón, jugando una mitad con el balón argentino y otra con el uruguayo— y había solicitado expresamente, dada la tensión que rodeó aquella final, un seguro de vida y la posibilidad de marcharse esa misma tarde en un barco puesto a su disposición. Tras volver a casa sano y salvo, también arbitró un partido de la Copa del Mundo en 1934.

Eklind fue el árbitro que enfureció a los austriacos, el único que no se dio cuenta de que los delanteros italianos habían cargado contra Platzer cuando los *azzurri* marcaron en la semifinal de la Copa del Mundo cuatro años antes. Y unos días después arbitró la final.

Karl Rappan, el entrenador suizo que había jugado en el Austria Viena y sido compañero de equipo de Sindelar, Mock, Viertl y Nausch, sabía que los pronósticos en la víspera del partido no eran favorables. Sin embargo, estaba satisfecho con el resultado y el rendimiento de su equipo en el primer partido: había confirmado la alineación de unos días antes y expresaría la misma filosofía de juego, *le verrou* —conocido en algunos países hispanohablantes como "el cerrojo"—, una especie de *catenaccio* opuesto al fútbol concebido por su compatriota Hugo Meisl. Herberger, por su parte, relizó seis cambios con respecto al primer partido: además de la suspensión de Pesser, tuvo que sustituir por lesión a Kitzinger y Gauchel por el experto Goldbrunner y el joven debutante del Bayern de Múnich, Jakob Streitle.

Eklind silbó y el partido comenzó: parecía el inicio del *Anschlussspiel*, con los alemanes atacando el físico de sus rivales. Y su actitud dio frutos de inmediato: el austriaco Hahnemann —que había vuelto a su posición natural— marcó en el minuto ocho, y un gol en propia puerta de Lörtscher un cuarto de hora más tarde dobló el marcador. Rappan se dio cuenta de que su sistema de *catenaccio* debía dar paso a un sistema más ofensivo, ya que la posibilidad de pasar a cuartos se alejaba.

Alemania, que parecía estar satisfecha, abandonó la presión y dejó el campo a los suizos. Fue un error imperdonable: Suiza acortó distancias con Walashek unos minutos antes de que Eklind pitara el final de la primera parte. Las gradas volvieron a cobrar vida y los vítores a favor de los suizos se elevaron de nuevo al grito de "¡Hopp Schwitz!", tras una primera parte en la que los aficionados suizos parecían resignados.

La segunda mitad dio la vuelta a todos los pronósticos: doblete de André Abegglen y gol de Bickel. El Alemania-Suiza terminó 2-4 contra todo pronóstico, para decepción de los nueve jugadores austriacos presentes en el campo y en el banquillo, que solo diez días después verían a la Italia de Pozzo y Meazza celebrar su segundo título mundial consecutivo, a pesar de que todo un estadio se alinearía a favor de la selección húngara.

Según los periódicos alemanes, la razón de la derrota fue la improbable coexistencia de jugadores austriacos y alemanes, es decir, dos culturas demasiado disímiles para convivir. A nivel individual, sin embargo, no fueron pocos los que señalaron con el dedo las elecciones de Herberger: la prensa parisina describió el juego alemán como una "obra de arte sofisticada pero demasiado lenta", añadiendo que un jugador lento como Szepan no era adecuado para el partido. Johann Mock, refiriéndose a la amalgama de jugadores alemanes y austriacos, dijo al final de ese partido:

> "Cuando uno de nosotros avanzaba con el balón, sabía que el compañero que estaba a su lado no era con el que solía jugar. Los jugadores vieneses nos sentíamos como un cuerpo extraño al lado de los jugadores alemanes".

V

Al término de la Copa del Mundo se reanudó la liga austriaca, aunque se restableció el formato *amateur*. Además, algunos equipos se vieron obligados a cambiar sus nombres. El Austria de Viena, por ejemplo, pasó a llamarse –aunque solo unos meses– Sportklub Ostmark.

El fútbol austriaco entró en una fase en la que muchos de los talentos que habían formado parte del *Wunderteam* estaban en la cuesta abajo de sus carreras, y muchos ni siquiera parecían motivados por la perspectiva de jugar en una liga *amateur* conformada según los criterios del fútbol alemán. Por otra parte, fue durante esta fase cuando salieron a la luz algunos de los talentos que gozarían de enorme éxito en los años de la guerra y después, como Franz Binder o Wilhelm Hahnemann.

Con el estallido de la guerra, la liga austriaca se suspendió temporalmente, y reanudaría actividad meses después, en octubre de 1939. La NSRL –Nationalsozialistische Reichsbund für Leibesübungen o Liga Nacional Socialista del Reich para Actividades Físicas– reorganizó las ligas dentro del Reich y estableció un torneo final entre los ganadores de las diferentes Gauligen que determinaría el campeón alemán. Otros cambios introducidos por el régimen fueron la reducción de las trabas burocráticas para facilitar el traspaso de jugadores de un equipo a otro y la posibilidad de formar *Spielgemeinschaften*, literalmente fusiones de equipos. Los llamados a filas debían exhibir el águila de la Wehrmacht en sus uniformes cada vez que pisaban el terreno de juego.

En la Ostmark Gauliga se introdujeron equipos más pequeños de Graz, Linz y otras ciudades, pero el intento de debilitar el fútbol vienés fue en vano, ya que estos equipos siempre acababan en la parte baja de la tabla de clasificación. Pero lo que más molestó al público local fueron otros cambios de carácter más estructural: los

clubes con nombres ingleses fueron germanizados, los campos de juego fueron decorados con esvásticas y antes y después de los partidos los jugadores debían reunirse en la banda y mostrar el saludo nazi.

El resentimiento hacia el Reich se manifestó entre la población austriaca no solo en el deporte, sino también en otros ámbitos como la moda, el cine y el cabaret.

El campeonato austriaco de 1938-1939 fue ganado por Admira, que a su vez participó en el campeonato alemán de entreguerras. En la final, sin embargo, el Admira fue sorprendentemente humillado por el Schalke 04 de Szepan y Kuzorra por 9-0, gracias a los cinco goles de Ernst Kalwitzki.

Cientos de miles de aficionados vieneses se conectaron a la radio para seguir los comentarios desde el Estadio Olímpico de Berlín y, aunque no había pruebas tangibles, el sentimiento predominante entre el público austriaco era que el resultado se debía a razones distintas de las deportivas. Tras el partido, los periódicos alemanes mostraron por primera vez un tono de superioridad. El *Reichssportblatt* escribió: "Admira tendrá que analizar el partido cuidadosamente y aceptar la derrota".

Mientras tanto, cada vez más jugadores alemanes y austriacos eran llamados a servir en el ejército. Según *Football Sonntag*, en octubre de 1939 se habían reclutado 17 jugadores del Austria de Viena. Entre ellos, Josef Stroh y Karl Sesta, quien se había incorporado a la Wehrmacht en mayo de ese año, mientras que el Rapid había reclutado hasta entonces a cinco jugadores de un total de 41. No obstante, los vieneses fueron empleados casi exclusivamente en puestos civiles o en funciones no relacionadas con el combate. Fritz Walter, futuro capitán de la Alemania campeona del mundo en 1954, que luchó primero en el frente occidental y luego en el oriental y se libró milagrosamente de ser enviado a un *gulag*, afirmó que a partir de finales de 1940 la mayoría de los jugadores alemanes eran llamados al frente. Pero todo indica que durante los primeros años de la guerra casi todos los jugadores austriacos, al quedarse en las cercanías de Viena, pudieron participar en los juegos con bastante regularidad.

Con el estallido de las hostilidades, tanto en Austria como en Alemania, se produjo de nuevo una situación de hambruna comparable a la de 1917-1918. El fútbol desempeñó un papel especial en este contexto: animó a la población civil y la distrajo de la dolorosa rutina diaria. Poco después del estallido de la guerra, las SS señalaron que las clases proletarias mostraban un interés mucho mayor por sus propias vicisitudes personales que por los asuntos de la guerra.

La popularidad del fútbol, por lo tanto, se mantuvo más o menos intacta a pesar de que los equipos que participaban en el campeonato habían sido despojados de varios de sus talentos que, mientras tanto, habían sido asignados a cuarteles o divisiones del ejército.

Desde la derrota de Admira en 1939, la rivalidad futbolística entre Austria y Alemania se había intensificado. No hubo partido que no estuviera acompañado de polémica por la actuación del árbitro o por una supuesta influencia política. La tensión también fue palpable en el terreno de juego, con cada vez más enfrentamientos entre jugadores y aficionados. En septiembre de 1940, se produjeron peleas y manifestaciones antialemanas durante el partido entre el Austria Viena y el Schalke 04, y al mes siguiente, las SS informaron de incidentes similares en el partido entre el Rapid de Viena y el Greuther Fürth. Su comunicado decía:

> "No hay evento deportivo en el que participe un equipo de Ostmark y otro de Altreich o incluso árbitros de Altreich que no culmine sin enfrentamientos o escenas vergonzosas".

Algunos periódicos se mostraron abiertamente a favor del régimen, mientras que otros criticaron las directivas alemanas. A pesar de todo, el fútbol seguía siendo un mundo en el que la crítica a la política era, en general, aceptada. Algunos periódicos, como el *Völkischer Beobachter*, expresaron opiniones opuestas sobre el tema en sus diferentes ediciones regionales.

En noviembre de 1940 se celebró en Viena un partido amistoso entre el Admira y el Schalke 04. Aunque las autoridades pretendían que fuera un partido de pacificación tras la polémica final del año anterior, los aficionados vieneses mostraron una actitud beligerante desde el principio. El hecho de que el árbitro del partido fuera Gerhard Schultz, el mismo que había arbitrado la final de 1939, no ayudó a calmar los ánimos. La dirección del partido fue muy discutida, ya que se anularon dos goles al Admira y el partido terminó 1-1. Un periódico informó:

"La policía se apresuró a sofocar los disturbios mientras se rompían asientos y ventanas y se golpeaba a los policías. La limusina del jefe de distrito Baldur von Schirach fue encontrada con los neumáticos pinchados y las lunas rotas frente al estadio. Un evento deportivo se convirtió en un evento político".

Muchas décadas después, ese sentimiento de orgullo y rebeldía permanecería en la memoria de los ciudadanos vieneses, aunque desaparecerían términos como *piefke* o *prusiano*, que en ese momento de la historia eran sinónimos de nazi.

Karl Stuiber, uno de los hinchas del Admira directamente implicados en los enfrentamientos, recordó la decisión tomada por los seguidores vieneses en la previa del partido:

"Si no ganamos el partido de vuelta, lo destruimos todo y golpeamos a los *piefkes*. Y cuando el partido terminó en empate, salimos a golpear a todos los del Schalke 04, y antes de que se fueran les tiramos cosas a sus autobuses".

Un jugador de Admira, Karl Kowanz, también vio el lado positivo de estos acontecimientos: "Gracias a esto, los *piefkes* ya no se atrevieron a interferir de esta manera cuando vinieron a Austria".

Los disturbios en los campos de juego continuaron. De hecho se intensificaron: si bien al principio solo ocurrían en Viena, después sucedían en Alemania con la misma frecuencia.

Otro capítulo de la corta pero intensa rivalidad entre equipos vieneses y alemanes fue la final del campeonato teutón de 1941 entre el Schalke 04 y el Rapid de Viena. El partido estaba programado para el 22 de junio de 1941, el día del ataque alemán a la Unión Soviética. El comienzo del partido fue idéntico al de dos años antes, con una victoria anunciada del equipo alemán. A los ocho minutos, el Schalke 04 ya llevaba dos goles de ventaja, y al cabo de casi una hora el número de goles había aumentado a tres. Sin embargo, en 11 minutos, entre el 60 y el 71, los 95 000 espectadores del Olimpiastadion se desbordaron: el Rapid empató y se puso por delante con cuatro goles, tres de ellos de Franz Binder. El partido terminó 3-4 a favor de los vieneses.

La reacción de los periódicos fue muy diferente según el medio: mientras que *Kicker* atribuyó la derrota del Schalke 04 a la falta de suerte, el *Reichssportblatt* publicó una edición especial en la que asociaba el éxito a la grandeza del *Wunderteam*, pero se cuidaba de no mencionar al entrenador judío Hugo Meisl.

<h2 style="text-align:center">VI</h2>

Tras este formidable éxito deportivo, los de *Hüttelsdorf* se derrumbaron. Ocho de los 11 jugadores de la plantilla titular dejaron de vestir de verde y blanco y en los tres años siguientes otro equipo, el First Vienna, dominaría el fútbol vienés. Los rumores circulaban, y uno de los sentimientos predominantes en las calles de Viena era que en el *Altreich* la victoria de un equipo austriaco en la máxima competición alemana no había caído precisamente bien.

Además, las revueltas y los disturbios en las gradas aún no se resolvían. Esto había convencido a Guido von Mengden, director del NSRL, para que convocar a una reunión en Viena con Baldur Von Schirach, el *Gauleiter* –título del jefe de la rama local del NSDAP– de la ciudad.

Thomas Kozich, teniente de alcalde en Viena, se había pronunciado en repetidas ocasiones contra las imposiciones al deporte vienés. Y tras los incidentes de enfrentamientos entre hinchas, había publicado un informe para justificar las reacciones del público austriaco. Las declaraciones de Kozich fueron discutidas en la reunión de Viena, y Von Mendgen justificó este acoso alegando que el desarrollo y el éxito del deporte vienés habían sido promovidos y financiados en gran medida por la comunidad judía local.

Otro tema que figuraba en los cuadernos de los portavoces era el de las convocatorias al frente: Von Mengden observó que el Reichssportführer quería que los mejores atletas fueran también los mejores soldados, y que, en comparación con otros equipos, los jugadores del Rapid de Viena habían podido mantener su ocupación.

Sin embargo, poco después se reclutaron algunas de las estrellas más destacadas del Rapid, como Franz Binder, Hans Pesser y Rudolf Raftl. Al principio, todos fueron asignados a unidades y cuarteles con sede en Viena y sus alrededores, como el de Breitensee, al que fue enviado Binder.

Varios periódicos vieneses y alemanes informaron del reclutamiento de los atletas de Ostmark. Entre ellos, *Kicker*, que publicó un artículo al respecto el 11 de febrero de 1941 con el título "Ra-

dioman Binder". Dos ediciones más tarde, el mismo medio mostró una foto de Franz Binder comiendo con su uniforme y al pie decía: "Binder también sabe merendar".

El hecho de que los jugadores vieneses fueran asignados cerca de su ciudad natal hizo que la liga austriaca se mantuviera prácticamente inalterada. Binder pudo jugar sin interrupción hasta el final de la temporada, al igual que Raftl y Skoumal, salvo en una ocasión. Pesser no lo hizo, pero por una grave lesión de rodilla.

Al igual que en Alemania, los clubes austriacos a menudo intentaban obtener permisos para sus jugadores o, al menos, exigían que no fueran destinados a la infantería o a otros puestos que implicaran lucha y contacto físico.

Sin embargo, a medida que pasaban los años, cada vez era más difícil conseguir ese favor, sobre todo a partir de junio de 1941, cuando el ejército alemán comenzó a marchar en el frente oriental. Binder comenzó a prestar servicio con regularidad, mientras que Raftl, Pesser y Skoumal jugaron muy pocos partidos durante la temporada de 1941-1942.

Al igual que el Rapid de Viena, el Schalke 04, el Dresdner y otros equipos alemanes también se debilitarían por las llamadas al frente a partir de 1940-1941. En enero de 1942 la revista *Fussbal* escribió:

> "Lo que les ocurrió al Rapid y al Dresdner fue exactamente lo mismo que a otros cientos de clubes alemanes antes que ellos, y en el futuro ningún club se salvará. El frente se antepone a todo, y hasta nuestro deporte tiene que pagar el precio".

Fue una etapa en la que el panorama futbolístico vienés se empobreció drásticamente y los estadios empezaron a vaciarse: las competiciones internacionales ya no existían y la mayoría de los aficionados prestaban servicios en el frente. Conceptos como los resultados, la victoria o la derrota sonaban cada vez menos. Pero los partidos continuaron hasta 1945, aunque no era raro que los jugadores y los espectadores acudieran al estadio y se encontraran con que el partido había sido cancelado por una alarma de bomba.

A diferencia de otros ámbitos, como los cines, los teatros y los salones de baile que hacía tiempo se habían clausurado, la opinión del régimen sobre el deporte era totalmente diferente. Una nota decía:

"Todos los altos mandos militares están de acuerdo en que el ejercicio es esencial. Los beneficios del deporte y el ejercicio en la salud, la productividad y la actitud de las personas son evidentes".

Los testimonios de deportistas y entrenadores de la época parecen refutar la tesis de que el fútbol no se vio afectado por las decisiones del régimen. Otto Fodrek, un defensor de la WAC dijo una vez: "La política nunca ha jugado un papel en el fútbol. Nadie nos dijo nada sobre un partido u otros asuntos políticos".

Alfred Körner, delantero del Rapid, creía que en el deporte no se podía influir: "En el campo de fútbol estaba la verdad" y Robert Dienst, el prolífico delantero del Rapid en años posteriores y quien entonces tenía 15 años, recordaba:

"La gente estaba callada, nadie se atrevía a hacer o decir nada, nadie. Y menos en la sociedad. Nuestro entrenador siempre nos decía: 'Chicos, esto no es asunto nuestro'. Jugamos al fútbol y nada más debe preocuparnos".

El hecho de que el fútbol austriaco bajo el régimen del Reich se mantuviera ajeno a las cuestiones políticas también quedaría demostrado por la ausencia de informes policiales sobre los ambientes en los estadios. Cada día se producían cientos de informes sobre incidentes en cafés, medios de transporte o en las calles, pero el mundo del fútbol permaneció indemne.

Al fin y al cabo, de todas las promesas del régimen, un partido de fútbol semanal era la más fácil de realizar, en comparación con un Volkswagen, una casa o los electrodomésticos. Otto Fodrek resumió el papel del fútbol en aquellos años con las siguientes palabras:

"Siempre preparamos los partidos con una semana de antelación. Vivíamos para el deporte. Especialmente en los años en que era joven, el fútbol era una misión y sentía que llenaba mi vida".

VII

Mientras tanto, la ausencia de varios jugadores en los campos de juego de Viena se hizo patente. A finales de 1942 Franz Binder fue trasladado a una unidad paramédica y unos meses después fue enviado al Frente Oriental. Esto significaba que ya no podía participar en los partidos, salvo en ocasiones esporádicas.

Las convocatorias al frente y la pérdida de algunos atletas por la guerra transformaron la plantilla del equipo. Karl Gall, por ejemplo, que había jugado en el Austria Viena y fue miembro del *Wunderteam*, murió en el Frente Oriental en febrero de 1943, y su compañero Franz Riegler murió exactamente dos años después tras un bombardeo aliado sobre Viena. El delantero del Rapid, August Fellner, pereció en el frente occidental en diciembre de 1944, mientras que Engelbert Uridil y Wilhelm Holec fueron declarados como desaparecidos en el verano de 1944 y en febrero de 1945, respectivamente.

A pesar de estas circunstancias, los equipos se reconstruyeron, gracias a la adquisición de nuevos jugadores, la incorporación de jugadores de los juveniles y de quienes lograron retornar del frente. Sin embargo, los equipos eran de calidad dudosa, integrados en su mayoría por jugadores que no estaban disponibles de forma regular. A veces, como en el derbi vienés entre el Austria Viena y el Rapid en diciembre de 1942, los equipos buscaban a los jugadores en las gradas justo antes del comienzo.

Algunos futbolistas como Rudolf Raftl, Franz Kaspirek y Leopold Gernhardt regresaron a Viena en 1942. Más tarde se les unirían Alfred Körner, Ernst Happel y Franz Prak. Entrevistado años más tarde, Körner dijo: "El Rapid supo asegurarse de que sus jugadores estuvieran siempre a tiro de piedra". De hecho, esta prerrogativa fue común en varios clubes de la capital.

Además, los jugadores vieneses que formaban parte de la selección alemana podían contar con el apoyo del *Reichstrainer*, Sepp Herberger. El entrenador, en un intento de mantener a sus atletas alejados de la guerra, emprendió la llamada *Operación Heldenklau*, literalmente "Operación Robo de Héroes". Así, Herberger, aunque era el afiliado del NSDAP número 2085548, creó una lista de 25 jugadores que debían regresar del frente, y tuvo éxito en casi la totalidad. En algunos casos, exigía permisos para sus jugadores, incluso en caso de partidos amistosos, como en enero de 1942, cuando convocó a Franz Wagner para un partido organizado en Zagreb, lo que supuso la retirada del jugador de las filas de la Wehrmacht.

Con el estallido de la guerra, se formaron equipos militares en cuyas filas solían figurar futbolistas profesionales austriacos. Estos equipos también participaron en las diferentes Gauligen regionales y en la Tschammerpokal. El más popular fue el LSV Markersdorf, que contaba con personalidades del fútbol de la época como Karl Sesta y Franz Riegler, además de otros jugadores del Admira y del Rapid. Otro de los equipos militares más exitosos fue el Roten Jäger, fundado por el piloto Hermann Graf, que contaba con Josef Pepi Stroh y el jugador de Admira, Franz Hanreitner.

Los que permanecieron en el frente eran usados a menudo con fines propagandísticos. El 2 de junio de 1943, el *Völkischer Beobachter* publicó una foto de Franz Binder y un artículo que decía:

> "El buen Bimbo sigue jugando, aunque en otra región y no con la regularidad del pasado. Que no ha olvidado su viejo amor, el fútbol, junto con su habilidad para disparar y controlar el balón, queda claro en una carta desde el frente oriental que complacerá a sus amigos del Rapid, así como a toda la comunidad futbolística vienesa y alemana".

VIII

Una de las formas más populares de los futbolistas austriacos para evitar ser llamados a filas era la automutilación, aunque este método conllevaba penas muy severas para los que eran descubiertos: podía ser cárcel o la muerte. Según la justicia nacionalsocialista, este tipo de subterfugios era algo que "socavaba la fuerza militar". Sin embargo, la automutilación se convirtió en una práctica muy común. Si no lo hacían ellos, pedían ser gravemente heridos por un cómplice.

Este fue el caso de Ernst Stojaspal, que en los años venideros demostraría ser uno de los más dignos sucesores del *Wunderteam*, logrando el tercer puesto en el Mundial de 1954. En el verano de 1944, Stojaspal se reencontró con un antiguo compañero de clase, Karl Lauterbach, comunista y ferviente opositor al régimen nazi, en el café Weber de Viena. Lauterbach, que tenía un brazo mutilado, había sido relevado de sus funciones militares y Stojaspal decidió que debía imitarlo. A finales de junio de 1944 Stojaspal pidió a su amigo que saltara sobre su brazo y se lo rompiera. Ante un forense, Stojaspal afirmó que se había caído por las escaleras, pero su excusa no se sostenía: parecía haber una especie de epidemia en torno a estas lesiones accidentales, y pronto comenzaron una serie de investigaciones y juicios.

El fiscal Karl Everts y el juez austriaco Breitler condenaron a Stojaspal a ocho años de prisión, a pesar de la defensa del abogado Bruno Eckerl, que unos años antes se había convertido en presidente de Austria-Viena en lugar de Emanuel Schwarz. Lo peor fue que Lauterbach fue condenado a muerte y ejecutado en febrero de 1945. Stojaspal permaneció en prisión hasta el final de la guerra y fue indemnizado por la República de Austria como víctima del Reich. El delantero del Austria Viena, Walter Probst, tuvo más suerte: nunca se descubrió su automutilación. En una entrevista de 2006 contó su historia:

"Tuve un amigo médico que me anestesió antes de que empezara a golpearme repetidamente en la rodilla y el menisco y luego me rompiera el ligamento cruzado".

El incidente se investigó, pero Probst nunca fue condenado por falta de pruebas.

El historial médico de Franz Binder también mostraba dos hechos sospechosos: un defecto cardíaco en noviembre de 1942 y una apendicectomía exactamente un año después, cuando el jugador había sido enviado al Frente Oriental. Pero una entrevista con el hijo de Binder, Franz Binder Jr., en 2010 pareció desmentir estos graves problemas de salud. No recordaba ningún problema cardíaco de su padre, ni que este se hubiera sometido a una apendicectomía, y dijo:

"El que se ocupó de su enfermedad fue el médico del Rapid, que le dio una licencia de tres meses. Después de eso, mi padre sería enviado a Francia, no a Rusia. Fue la única vez que le ayudaron de verdad".

El propio Binder relató, en un testimonio al final de la guerra, los acontecimientos en los que se vio envuelto:

"Regresé a Viena en noviembre de 1943, gracias a un permiso. Había vuelto para que me hicieran una apendicectomía para no tener que volver al frente".

Otros jugadores del Rapid, como Raftl, Hoftstätter y Knor, también sufrieron apendicitis durante los años de la guerra, aunque nunca recibieron sanciones.

Franz Konecny era un caso especial. Ingresó al hospital en 1943 con una grave lesión en la pierna, Konecny fingió durante meses que no estaba bien, aunque participaba en los partidos de Admira todos los domingos. Al final de la temporada, se convertiría en el máximo goleador y ayudaría a devolver a su club a la primera división. Konency utilizaba un tocayo que se presentaba como el delantero de Admira, aunque no tenía nada que ver con el fútbol. Pero en realidad fue el verdadero Konecny quien salió al campo.

Cuando el engaño salió a la luz, el médico que lo descubrió fue sobornado con 15 entradas gratuitas para los partidos en casa del Admira. Konencky no fue el único jugador que asumió una doble identidad: para encubrir estos engaños, el animador del estadio a menudo no anunciaba los nombres de los miembros del equipo.

IX

También hubo entre los jugadores vieneses quienes se convirtieron en nazis convencidos y se comprometían a denunciar los intentos de engaño. Dos casos fueron Fritz Durlach, defensa del Rapid en 1916, y Georg Schors, compañero de Durlach y delantero que marcó en la final de 1941 contra el Schalke 04.

Durlach se había convertido en un soldado profesional, y en febrero de 1945 se le asignó el servicio de patrulla del ejército en el distrito de Viena. La tarea de Durlach consistía en hacer salir a los presuntos desertores para interrogarlos. En lo que Durlach llamaba la "sala de la diversión" se realizaban interrogatorios extremadamente duros. Este lugar no era otra cosa que el lugar en el que Durlach practicaba auténticos métodos de tortura que más tarde se documentarían en una acusación contra él en 1947. Un documento sobre un supuesto caso de tortura dice:

> "En la sala de interrogatorios, Durlach sacó de una caja una porra de goma junto con un cable metálico. Durlach ató a Josef K. y el Dr. Leopold Dittrich ordenó a este último que confesara. Al no obtener respuesta, el Dr. Dittrich golpeó a Josef en la cara mientras Durlach y otro soldado le daban puñetazos desde la derecha y la izquierda. En ese momento, Dittrich dijo: 'Haz lo que quieras con él, mátalo. No me importa', y se fue. Durlach comenzó entonces a golpear a Josef K. con la porra de goma mientras el soldado lo sostenía con el cable metálico. Después de cada golpe, Durlach preguntó a Josef si quería confesar. Posteriormente, Josef K. perdió el conocimiento y lo recuperó a base de patadas. Solo entonces confesó".

Poco antes de la liberación de Viena, Durlach se dirigió al presunto automutilador Josef D. de la siguiente manera: "No creas que hemos sido derrotados, aún tenemos guardadas varias granadas de mano y revólveres para enviarte al más allá".

Tras el final de la guerra, Durlach volvió a jugar cuatro veces para el Rapid antes de ser identificado por una de sus víctimas. Fue

detenido y encarcelado sin poder vivir el primer título del Rapid en la posguerra, que ganaron ese año. De nada sirvieron algunos testimonios favorables, como el del portero del First Vienna, Stefan Ploc, para quien no se habían producido malos tratos en el cuartel donde Durlach estaba de servicio y que Ploc solía frecuentar.

CONCLUSIONES

Al final de la Copa del Mundo de 1954, Austria logró su mejor clasificación en la historia de la Copa del Mundo, un récord que permanece invicto hasta hoy. Este resultado superó incluso el cuarto puesto logrado por el *Wunderteam* 20 años antes. Sin embargo, la salida no fue la misma: si en 1934, el Wunderteam había dicho adiós a su posibilidad de ganar la Copa del Mundo al término de una semifinal embrujada y muy discutida contra Italia, en 1954 la selección austriaca dirigida por Walter Nausch abandonaría la competición tras una clara derrota contra Alemania. El partido se saldó con un 6-1 a favor de los alemanes, un duro golpe si se tiene en cuenta que Austria era la favorita para ese partido y que, según todos los indicios, el Wunderteam había producido otra generación de campeones con jugadores del calibre de Ocwirk, Happel, Hanappi y Stojaspal.

Cuatro años más tarde, cuando la selección austriaca participó en el Mundial de Suecia, cualquier referencia y pegamento que uniera al equipo nacional con el desaparecido Wunderteam había desaparecido. El exjugador Walter Nausch, que había dirigido a la selección austriaca en el Mundial anterior, dejó la dirección y fue sustituido por la institución futbolística vienesa Josef Argauer.

A partir de entonces, nadie se atrevería a comparar a Austria con los favoritos del Mundial o la Eurocopa. El éxito contra Alemania en 1978, que pasó a la historia como el Milagro de Córdoba, sería una hazaña y poco más, ya que el equipo austriaco había sido eliminado de la competición.

¿Dónde encaja el *Wunderteam* en la historia del deporte más popular del mundo? Para muchos, la selección austriaca de los años 30 fue una especie de precursora de la Hungría de 1954 y de Holanda de 1974 a 1978; una formación innovadora, capaz de construir un fútbol espectacular, pero a la que le faltaba algo para ganar un título mundial. En otras palabras, una formación parcialmente inacabada.

Sin embargo, si se analiza más detenidamente, hay que hacer algunas consideraciones importantes: cuando el *Wunderteam* llegó a Italia para jugar su primer Mundial, nadie podía predecir que sería su única participación en la Copa del Mundo.

Ya en 1936, Hugo Meisl había empezado a dar forma a un tercer *Wunderteam*: si el primero fue el que había ganado la Copa Internacional de 1931-1932, y el segundo el que fue derrotado por Italia en el Mundial de 1934, el tercero sería el que jugaría el Mundial de Suiza. Un proyecto que ya había comenzado y que encontró su primera aplicación en la edición de la Copa Internacional interrumpida en 1938 debido al *Anschluss*. Una alineación diferente a la de unos años antes, sí, pero no menos buena, y que se había clasificado para el Mundial tras una victoria por 2-1 sobre Letonia. Sindelar había desaparecido prácticamente del radar, debido a sus constantes problemas de rodilla. En su lugar llegaron otros jugadores: Bican, Binder y Hahnemann, tres de los delanteros más fuertes de su generación que llegarían a ganar tanto —si no más— con sus clubes que sus predecesores. Bican —que ganó la Copa Mitropa como máximo goleador con el Slavia de Praga en el año del *Anschluss*— se había convertido en una pieza indispensable del equipo de Meisl y probablemente habría permanecido en Viena, si la situación política no se hubiera deteriorado. Junto a él estaría Franz Binder, uno de los delanteros más prolíficos de la historia del fútbol y ganador de títulos austriacos y alemanes, desde el momento en que su club, el Rapid, empezó a participar en la *Tschammerpokal* y en la liga alemana.

La coexistencia de Bican y Binder no habría sido un problema en sí: Hugo Meisl ya había experimentado con esta solución y ambos no se pisaban el uno al otro, ya que Bican ocuparía el lugar de Sindelar, cubriendo el papel que ahora se conoce como el de falso nueve, y Binder actuaría como un verdadero delantero centro, papel que en el Mundial de 1934 había sido cubierto por Schall. La propia Hungría en 1954 habría propuesto una línea de ataque no muy diferente, con Hidekguti actuando como falso nueve para apoyar a Kocsis y Puskás como delanteros puros. Además, la generación que había participado en el Mundial de 1934 era joven en muchos aspectos y la mayoría de ellos tendría un papel destacado en la tercera edición de la Copa del Mundo.

El portero, Platzer, tenía 27 años en 1938, los defensas Sesta y Cisar tenían 32 y 29, respectivamente, Smistik y Nausch, dos pilares del centro del campo, 32 y 31 años. Está claro que el Wunderteam supo jugar bien sus cartas, a pesar de que el año anterior al Mundial se había producido una gran pérdida: la muerte de Hugo Meisl.

El panorama competitivo también había cambiado un poco: a la Italia ganadora de Giuseppe Meazza, a la que se habían sumado campeones de la talla de Piola y Colaussi, se le sumaría Hungría decididamente reforzada, que llegaría a la final ese año. Fiel a la tradición del fútbol centroeuropeo, la selección húngara contaba con campeones como Gyorgy Sarosi, ya más maduro y convertido en capitán, Gyula Zsengeller, estrella del Újpest y Ferenc Sas, joven estrella del MTK Budapest que pronto huiría a Sudamérica. Además, siempre estaba el finalista de la edición anterior, Checoslovaquia, que volvería con sus estrellas Plánička, Puč y Nejedlý. La competitividad de estos equipos nacionales se desprende de sus logros en la Copa Mitropa: el último ganador de la máxima competición de clubes fue un equipo húngaro, el Ferencváros, que pocos meses después de finalizada la Copa del Mundo cedería el testigo a un equipo checo, el Slavia de Praga. Además, estaba Alemania –una formación física y sosa– que acudía al Mundial sin su componente austriaco y Brasil, la única formación sudamericana que participaba en el torneo.

En el campo, Italia mereció su victoria y se convirtió en la primera potencia del fútbol mundial en aquellos años. Había dominado la final y, a pesar de los abucheos que recibía cada vez que sus atletas mostraban el saludo fascista, más o menos todo el mundo reconocía el valor de esa hazaña. Sin embargo, el *Wunderteam* hubiera sido un rival formidable y, a diferencia de cuatro años antes, podría haber desafiado a sus rivales históricos en terreno neutral. Pero, por supuesto, hemos entrado en el terreno de la especulación. En marzo de aquel año, el *Wunderteam* dejó de existir oficialmente.

CRONOLOGÍA:

EL WUNDERTEAM EN II ACTOS

1912: comienza la colaboración entre Hugo Meisl y Jimmy Hogan para los Juegos Olímpicos de Estocolmo.

1914: estalla la Gran Guerra: Hugo Meisl y Jimmy Hogan toman caminos distintos.

1919: Hugo Meisl vuelve al banquillo de la selección austriaca.

1922: se restablecen las relaciones deportivas entre Austria e Italia. El partido amistoso en Milán marca el inicio de una rivalidad que continuará durante las décadas de 1920-1930.

1927: se pone en marcha la primera edición de la Copa Internacional y la Copa Mitropa, en la que participan la selección nacional austriaca y los clubes de Viena.

1931: tras la victoria por 5-0 contra Escocia, la selección austriaca se convirtió en el Wunderteam.

1932: el Wunderteam gana la segunda edición de la Copa Internacional y es invitado a Londres para disputar un amistoso de lujo contra la selección inglesa.

1934: el Wunderteam logró un cuarto puesto en la Copa del Mundo.

1936: el Wunderteam ganó a la selección inglesa 2-1 en Viena.

1937: muere Hugo Meisl.

1938: tras el Anschluss, la selección nacional austriaca se disuelve. Varios jugadores del Wunderteam se incorporan a la selección alemana.

AGRADECIMIENTOS

Varias personas han colaborado directa o indirectamente en la redacción de este libro. La primera persona a la que debo un sincero agradecimiento es, sin duda, Gianluca Iuorio, de la editorial Urbone. Este libro nació de la idea de Gianluca y mía de contar la historia del *Wunderteam* de una manera nueva, de una forma inédita y que se refiriera a todo el equipo y no solo a sus figuras más famosas, que son las más mencionadas en la literatura existente, como Matthias Sindelar y Hugo Meisl.

Así que me embarqué en un viaje de conocimiento e investigación que me llevaría primero a Fráncfort del Meno y luego a Viena. En Fráncfort me recibió cordialmente Wolfgang Hafer, nieto de Hugo Meisl y escritor de referencia sobre el *Wunderteam*. Hablar con Wolfgang me levantó el ánimo considerablemente: Wolfgang, que en 2007 escribió un libro sobre la vida y la carrera de su abuelo materno, confirmó mis dudas sobre algunos falsos mitos que aún rodean a Matthias Sindelar, el *Wunderteam* y los años de la guerra. Disponer de fuentes de primera mano fue de gran ayuda en la redacción del capítulo sobre Hugo Meisl y más allá. Todavía recuerdo una frase suya que, en mi opinión, debería servir siempre de punto de partida a la hora de analizar los acontecimientos de aquellos años, tanto en el plano deportivo como en el histórico: "Lo cierto es que en Austria, a partir de la posguerra, se intentó por todos los medios distanciarse de lo sucedido durante los años de la guerra, y por ello proliferaron los mitos falsos o al menos revisables". Y esta es precisamente la piel de plátano en la que se han deslizado los escritores de libros y los blogueros a lo largo de los años: dar una imagen romántica y falsa de un jugador –Sindelar– que se convirtió

en héroe sin quererlo. Al igual que ocurrió con Gianluca, la colaboración con Wolfgang continuaría incluso después de mi regreso a Milán, cuando el libro se estaba terminando.

Después de tres días en Alemania me dirigí a Viena, donde quise visitar una ciudad que siempre me había atraído, pero no fue una visita de ocio: la curiosidad por visitar los museos locales pronto dio paso al deber, es decir, a visitar los terrenos y museos de los principales equipos de la ciudad. Así que visité el Rapideum, que me permitió conocer la historia del Rapid, el equipo de los suburbios vieneses, y unos días más tarde hice una visita al Generali Arena, el actual estadio del Austria de Viena en Favoriten, a pocos metros de la parada de autobús Altes Landgut, cuya tribuna sur está dedicada a la memoria de Matthias Sindelar.

Estaba convencido de que podría visitar el museo del First Vienna, pero me informaron de que aún no existía un museo del club, aunque se está estudiando la posibilidad de abrirlo.

Solo un par de días después, mi viaje se enriqueció con un cuarto capítulo, el tercero en la capital austriaca. Cuando estuve en el Rapideum, el guía que me acompañó en la visita me había sugerido que me pusiera en contacto con el autor de uno de los libros —que también aparece en la bibliografía de este libro— a la venta en la megatienda. No me había planteado la idea de establecer contacto con algún escritor de Viena, pero ya había dado con el nombre del escritor en cuestión: había leído uno de sus artículos académicos sobre el fútbol austriaco desde el *Anschluss* hasta el final de la Segunda Guerra Mundial. Entonces me puse en contacto con Georg Spitaler y fui recibido en la oficina de la VGA —Verein für Geschichte der ArbeiterInnenbewegung— apenas dos días después y tuve la oportunidad de conversar con uno de los historiadores más conocedores del fútbol austriaco. Mientras Georg y yo charlábamos, me di cuenta cada vez más de lo difícil que es indagar en los pliegues de la historia, incluso de la historia del deporte. No solo había que disipar los mitos clásicos sobre Sindelar, sino también una serie de elementos de fondo. Una de las preguntas que le hice a Georg fue sobre el final de algunos jugadores después de la guerra. En particular, quería saber qué había pasado con Jerusalem y Zischek, dos jugadores judíos del *Wunderteam*. Georg me interrumpió diciéndome que no eran judíos, y que esa era una de las muchas historias que habían circulado por la red y que prácticamente se habían convertido en la verdad para todos.

Por último, mi más sincero agradecimiento también a Andrea Araf, mi hermano, que se encargó de la edición y corrección del libro, a Yushel Ferrer, que hizo lo mismo para la versión en español y a Alisa Canzio, traductora y colaboradora, que me apoyó en la traducción de varias partes del alemán al italiano, lo que fue de fundamental importancia para llegar a la conclusión de este libro.

BIBLIOGRAFÍA E ÍNDICE DE NOMBRES

SOBRE EL AUTOR

Jo Araf nació el 17 de diciembre de 1985 y siempre le ha apasionado escribir. Trabaja como docente de historia y comunicación en un instituto profesional de Milan; al mismo tiempo es dueño de una agencia de traducción y cofundador de la revista deportiva online Gameofgoals.it.

En 2019 publicó su primer libro con la editorial italiana Urbone, fue sobre el Wunderteam ya que le fascinaba la idea de combinar dos de sus mayores intereses: el fútbol y la historia. Aquel libro también ha sido publicado para el mercado británico en 2021 (editorial Pitch Publishing).

www.ingramcontent.com/pod-product-compliance
Lightning Source LLC
Chambersburg PA
CBHW021159160726
47994CB00001B/286